U0849811

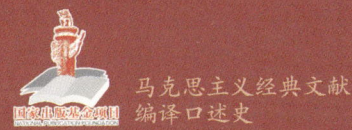

马克思主义经典文献
编译口述史

我与《资本论》翻译

口述：张钟朴
整理：张文成　张远航
寿自强　刘中文

中央编译出版社
CCTP Central Compilation & Translation Press

Personen
Lexikon 2
L-Z
Chronik
Verlag
Das große farbige
Personen
Lexikon
Chronik
Verlag

张钟朴

全书顾问： 韦建桦　顾锦屏

总　　编： 魏海生

副 总 编： 徐　洋　刘　强　路　军

编　　委：（按姓名拼音排序）

方闻昊　冯　雷　龚格格　李春阳　李　平

李媛媛　刘中文　柳　宁　平建东　寿自强

郗卫东　杨大群　苑　洁　曾银慧　詹　珩

张甲秀　张文成　张远航　张忠耀

本卷口述： 张钟朴

整　　理： 张文成　张远航　寿自强　刘中文

总序
向“播火者”致敬

魏海生

在人类发展的历史长河中，有一种理论犹如壮丽的日出，照亮了人类探索历史规律和寻求自身解放的道路，为人们认识世界、改造世界提供了强大思想武器和精神力量，对世界产生了广泛而深刻的影响。它就是以全世界无产阶级和劳动人民的革命导师、近代以来最伟大的思想家马克思的名字命名的科学理论——马克思主义。

马克思主义自创立以来，跨越国度、跨越时代，在世界范围内得到广泛传播，以其强大的实践指导力、深邃的理论穿透力、巨大的精神感召力，不仅深刻改变了世界，也深刻改变了中国。中华民族有着5000多年源远流长的文明历史，为人类文明进步作出了不可磨灭的贡献。然而进入近代以后，西方列强入侵，封建统治腐败，中国逐渐成为半殖民地半封建社会，中国人民饱受战乱，生灵涂炭，中华民族遭受前所未有的劫难。为了改变这种内忧外患的悲惨境遇和命运，许许多多爱国先驱前赴后继，不懈探索。

魏海生为第十三、十四届全国政协委员，中央编译局原副局长，中央党史和文献研究院原副院长。

太平天国运动、戊戌变法、义和团运动、辛亥革命……一场场气壮山河的抗争接连而起；资本主义、改良主义、自由主义、社会达尔文主义、无政府主义、实用主义、民粹主义、工团主义……各种主义和思潮"你方唱罢我登场"。但最后都以失败而告终，没能解决中国的道路和命运问题。中国依然山河破碎、积贫积弱，中华民族依然被压迫、被奴役，中国人民依然生活在苦难和屈辱之中。中国迫切需要新的思想引领救亡运动，迫切需要新的组织凝聚革命力量。

"十月革命一声炮响，给中国送来了马克思列宁主义"，引导苦苦探索救亡图存之路的中国人民实现了伟大觉醒，走出了漫漫长夜，找到了前进方向。李大钊、陈独秀、毛泽东、邓中夏、蔡和森、李达、李汉俊等一批先进知识分子纷纷高擎马克思主义真理的火种，点亮神州大地。正是在马克思主义传播的历史大潮中，一个宣示以马克思主义为指导思想的政党——中国共产党应运而生。从此以后，马克思主义的命运同中国共产党的命运、中国人民的命运、中华民族的命运紧紧连在了一起，中国共产党人成为了马克思主义的忠诚信奉者、积极传播者、坚定实践者。

今天，中国共产党已走过了100多年的光辉历程。一部中国共产党的历史，就是一部不断推进马克思主义中国化的历史。马克思主义的中国化，首先是马克思主义文本的中国化，即将马克思主义的载体——马克思主义经典著作在中国编译、出版和传播。无论在战争年代还是在和平环境，无论在革命时期还是在建设、改革时期和新时代，我们党都始终高度重视马克思主义经典著作的编译、出版和传播工作。1921 年 9 月，中国共产党成立仅仅两个月后，党中央就在上海成立了我党第一个出版机构—人民出版社，负责人是党的一大代表李达。李达拟订了丰富的出版计划，包括“马克思全书”15 种，“列宁全书”14 种，等等；1923 年 11 月，党中央组建了上海书店，毛泽民担任经理，组织翻译出版了一批重要的马克思主义经典著作，1926 年被查封；同年底，党中央在汉口建立了长江书店，在瞿秋白领导下，不到一年的时间就出版马克思主义书籍 40 多种，1927 年遭查封；大革命失败后，白色恐怖笼罩中华大地，中国共产党人冒着被关押、被杀头的危险，秘密创办了华兴书局、上海神州国光社、北方人民出版社等，翻译出版了大量马克思主义经典著作；中央红军长征到达陕北后，为提高全党的理论水平，党中央于 1938 年 5 月 5 日，即马克思诞辰 120 周年纪念日当天成立了马克思列宁主义学院（简称马列学院），马列学院下设干部培训部和编译部，编译部专门负责编译马列主义著作，张闻天担任马列学院院长兼编译部主任，这是中国共产党历史上第一个专门编译马列主义经典著作的机构，也被看作是后来的中共中央马恩列斯著作编译局的前身。编译部汇集了一批精通外语、又有一定理论水平的同志，先后编译出版了《马克思恩格斯丛书》10 册、《列宁选集》20 卷以及其他马克思主义著作，对提高全党马列主义理论水平起了极其重要的作用。毛泽东同志热情称赞这些从事马列著作翻译工作的同志："如果没有翻译工作者的努力，中国哪晓得什么是马列主义？"，"没有你们的工作，我们就是聋子瞎子"，他鼓励翻译工作者"学个唐三藏及鲁迅，实是功德无量的"；1943年5月，毛泽东同志主持中央书记处会议，作出关于翻译工作的决定，强调马列主义经典著作的翻译工作"是党的重要任务之一"，决定由何凯丰、博古（秦邦宪）、洛甫（张闻天）、杨尚昆、师哲等同志组成翻译校阅委员会，并开始重新校阅马恩列斯著作的中译本，以提高译文质量；1948年，中央宣传部在河北平山县设立斯大林全集翻译组（1949年初改设为斯大林全集翻译室）；1949年2月，党中央重新编审一套"干部必读"书目，包括《共产党宣言》等12种重要马克思主义著作，由毛泽东亲自审批推荐给党的七届二中全会，成为广大干部学习马列主义理论的必备书，为有效提高全党的理论水平起了十分重要的作用；1949年5月，中共中央作出《关于成立外文翻译机构的决定》，6月，中央俄文编译局正式成立，师哲任局长。新中国成立后，马克思主义经典著作编译工作更加有组织、有计划地大规模展开。1953年1月29日，毛泽东主席亲自批准了关于成立中共中央马恩列斯著作编译局的决定。决定指出："中央决定将中央俄文编译局与中央宣传部斯大林全集翻译室合并，并以此二单位为基础成立马恩列斯著作编译局，其任务是有系统地有计划地翻译马克思、恩格斯、列宁、斯大林的全部著作。"中央编译局的成立，是马克思主义百年传播史上的大事，标志着马克思主义经典著作编译工作进入了一个崭新的阶段。根据党中央的要求，中央编译局全面实施三大全集编译工程，取得丰硕成果；改革开放以来，马克思主义经典著作编译工作开创了新的局面，特别是党中央组织实施马克思主义理论研究和建设工程，有力推动了马克思主义经典著作的编译、出版和传播；党的十八大以来，以习近平同志为核心的党中央立足强国建设、民族复兴伟业，高度重视理论强党，推动马克思主义经典著作编译事业进入新时代，取得新辉煌。习近平总书记多次围绕马克思主义理论主持中央政治局集体学习，要求“加大经典著作编译力度，坚持既出成果又出人才，培养一支新时代马克思主义经典著作编译骨干队伍。要深化经典著作研究阐释，推进经典著作宣传普及，让理论为亿万人民所了解所接受，画出最大的思想同心圆”。

在党中央的坚强领导下，经过几代马克思主义经典著作翻译家的不懈努力，我国先后编译出版了《马克思恩格斯全集》中文第一版、第二版（至今已出版36卷），《列宁全集》中文第一版、第二版、第二版增订版，《斯大林全集》，《马克思恩格斯选集》《列宁选集》《斯大林选集》《马克思恩格斯文集》《列宁专题文集》《马列主义经典作家文库》以及大量的马克思主义经典著作单行本和专题汇编，已成为世界上翻译出版马克思主义经典著作最多、最全的国家，逐步形成了种类齐全、形式多样、系统完整、准确可靠的马克思主义经典著作版本体系，建立起全球最大的马克思主义理论宝库，为马克思主义中国化时代化提供了源源不竭的思想理论资源，充分彰显了中国共产党人对马克思主义科学真理的坚定信仰。

回首马克思主义在中国传播的百年历程，从第一本《共产党宣言》中文版的艰难问世到今天马克思主义经典著作的大规模编译出版，我们永远不会忘记那些追求真理、坚守信仰、呕心沥血、无私奉献，用汗水、鲜血乃至生命翻译和传播马克思主义的优秀中华儿女，他们就像希腊神话中的普罗米修斯一样，为盗取天火造福人类而历经磨难、百折不挠，在东方这个古老大地上播撒了马克思主义的火种，照亮了中国人民前行的征程。

在血雨腥风的革命年代，许多马克思主义“播火者”，为传播真理而前赴后继、视死如归，有的遭到反动势力的迫害，有的甚至为此献出宝贵的生命，演绎出一曲曲荡气回肠的英雄赞歌。中国共产党的主要创始人、马克思主义在中国传播的伟大先驱李大钊，“铁肩担道义，妙手著文章”，面对敌人的绞刑架，他“实践其所信，励行其所知，为功为罪，所不暇计”，从容就义。中国共产党早期领导人蔡和森，在法勤工俭学期间不顾严重的哮喘疾病，废寝忘食地“猛看猛译”马克思主义著作，翻译了《共产党宣言》《社会主义从空想到科学的发展》《国家与革命》等著作的重要段落，回国后创作的《社会进化论》一书，是中国人以马克思主义唯物史观写就的第一部社会发展史，后被国民党反动派残酷杀害。与李大钊并称“南杨北李”的另一位传播马克思主义的先驱杨匏安，四次被捕入狱，最后英勇就义。被董必武称为自己的“马克思主义老师”的一大代表李汉俊，是《共产党宣言》陈望道译本的校对者，所翻译的《马格斯资本论入门》成为最早的《资本论》中文解读本，毛泽东等老一辈无产阶级革命家正是通过这本书对《资本论》有了最初的了解。后被反动军阀秘密杀害。马克思主义早期传播者瞿秋白，“在青年期走上了马克思主义的初步，无从改变”，立誓“取得火种，把它点燃在中国的黑暗的大地”，被俘后唱着自己翻译的《国际歌》走向刑场，慷慨就义。“黑地有灯，热焰不熄”的马克思主义播火者恽代英，曾翻译了考茨基的《阶级争斗》一书，该书被毛泽东称之为特别深地铭刻在自己心中，建立起他对马克思主义信仰的三本书之一。后遭蒋介石下令杀害。将翻译《资本论》作为自己毕生事业的潘冬舟，敌人因其“信仰马克思列宁主义，就非杀不可”，后被国民党反动派秘密杀害，为真理献出了年轻的生命。中国共产党的主要创始人陈独秀，也是中国早期传播马克思主义的主要代表人物，为了自己的理想和追求曾经五度入狱，“出了研究室就入监狱，出了监狱就入研究室”就是他为真理而不屈不挠的真实写照。《共产党宣言》第一个中文全译本的翻译者陈望道，呕心沥血，食不知味，用真理的甘甜哺育灾难深重的中国，为中国共产党的诞生作了思想理论上的准备，而自己长期受到反动当局的监视和迫害。著名马克思主义传播者吴亮平，在遭受王明的打击和国民党的白色恐怖下，夜以继日地翻译恩格斯的《反杜林论》，首次把这部马克思主义重要著作介绍给中国人民，后被国民党关进监狱，历经磨难。人们熟知的郭沫若，也是一位马克思主义传播者，早年抱定全文翻译《资本论》的决心，虽因种种原因未能实现自己的抱负，但“为翻译《资本论》而死，那也是死得光荣的”的精神，激励着后来的翻译者。他翻译完成的《政治经济学批判》《德意志意识形态》第一章以及《神圣家族》部分章节，对马克思主义唯物史观和唯物辩证法的传播起了重要的作用。中国《资本论》翻译第一人陈启修，大革命失败后流亡日本，潜心研究和翻译《资本论》，1930年，他翻译的《资本论》第一卷第一分册在上海昆仑书店出版，成为我国最早的中文译本。还有侯外庐、王思华、郭大力、王亚南、吴半农等，他们不畏艰难，不计得失，先后投入《资本论》翻译事业，把马克思的这一宏伟巨著翻译、传播到中国，谱写了一曲曲马克思主义传播史的动人篇章。《共产党宣言》的翻译者华岗、成仿吾、徐冰、博古、乔冠华、谢唯真、陈瘦石等，以及在马克思主义传播史上彪炳史册的李达、邓中夏、邓恩铭、何叔衡、张太雷、何孟雄、施存统、张西曼、邵飘萍、杨明斋、朱镜我、朱泽淮、沈雁冰、沈泽民、张闻天、李立三、冯雪峰、艾思奇、柯柏年、李一氓、许德珩、周建人、何锡麟、王学文、何思敬、沈志远、曾涌泉、曹汀、曹葆华……他们用一部部闪耀着真理光芒的马克思主义文献译本，有力地推动了马克思主义在中国的广泛传播，生动地诠释了“理想之光不灭、信念之光不灭”的深刻意义。

新中国成立后，一代又一代马克思主义经典著作编译工作者赓续先驱者的精神，怀着对马克思主义的坚定信仰，日复一日、年复一年，殚精竭虑、无私奉献，让“代圣人立言”的崇高事业代代相承，让传播真理之火的神圣工作永续下去。师哲、陈昌浩、张仲实、姜椿芳，这一个个闪光的名字，是新中国成立后相当长一段时间马克思主义经典著作编译事业的领导者和翻译大家，为“三大全集”工程，即《马克思恩格斯全集》《列宁全集》《斯大林全集》的编译出版作出了重大贡献，树立了不朽丰碑。林基洲，《列宁全集》中文第二版的设计师和组织者、中央编译局原副局长，被同事们称为“拼命三郎”，为马克思主义经典著作编译和理论研究事业工作到生命的最后一息，生动地诠释了“人是要有一点精神的”这句话的深刻意义。周亮勋，国内权威的马克思恩格斯著作编译大家和带头人、全国“五一”劳动奖章获得者，年逾七旬仍全力以赴地从事马克思主义经典著作编译工作，最后病倒在工作岗位上，去世前能记得的只有稿件，说得最多的就是“我要工作”。宋书声，曾担任中央编译局局长16年，对马克思主义的坚定信仰和信念，对党对国家对人民的无限忠诚，对所从事的工作的无限热爱和执着，一直是支撑他的精神支柱，50多年如一日，始终坚守马列经典著作编译阵地，“甘为真理付韶光”，忠实地践行了“用我一生，去为党的事业贡献自己的力量”的承诺，如今虽已96岁高龄，仍关心着马克思主义经典著作编译事业的发展。曾长期担任中央编译局局长的韦建桦，自1978年起，已在马克思主义经典著作编译事业中耕耘了46个春秋，从满头青丝到两鬓斑白，清苦寂寞而乐此不疲，因为他在马克思主义经典著作编译中“找到了守志报国的阵地、安身立命的家园”，马克思在17岁时写下的名言“如果我们选择了最能为人类而工作的职业，那么，重担就不能把我们压倒”，一直是他恪守不渝的信念，为此而殚精竭虑、奋斗不息。顾锦屏，一位至今仍坚守在马列著作编译战线上的92岁老人，见证了新中国马列著作编译事业的起步与发展，正如他所说的那样：“我把我的一生献给了传播马克思主义科学真理这一崇高事业”，“无怨无悔”。在新中国70多年的马克思主义经典著作编译事业中，这样平凡而又伟大的翻译家还有许许多多，这是一个坚守信仰、默默奉献的群体，是一个薪火相传、接续奋斗的群体，“一群人、一辈子、一件事”就是他们的真实写照。虽然他们的名字在这里无法一一列出，但为历史做出贡献的人们，历史终究不会忘记。在马克思主义中国化的百年史册上将永远镌刻着这些伟大而又平凡的“播火者”的名字！

为生动讲好这些“播火者”的故事，记录马克思主义在中国百年传播的艰辛历程，缅怀一代代编译人为马克思主义中国化作出的不可磨灭的贡献，致敬那些默默无闻播撒真理之光的马克思主义经典著作翻译家群体，激励后来者赓续马克思主义传播先驱的崇高精神，弘扬经典著作编译人的光荣传统，学习经典著作编译人的优良作风，为新时代推动马克思主义中国化时代化凝聚起砥砺前行的磅礴力量，我们编辑出版了这部“马克思主义经典文献编译口述史”丛书。

"马克思主义经典文献编译口述史"项目早在10多年前就启动了。2010年以来，中央编译局曾组织人员采访了几十位老翻译家，积累了一大批口述史料。但由于种种原因，一直未能整理出版。其间有多位接受采访或撰写回忆资料的老翻译家已离开了人世，这使我们感到深深的遗憾和愧疚。得益于国家出版基金的支持和许许多多老领导、老同志的鼓励和帮助，我们克服重重困难，终于可以使这部丛书与读者见面了。

首批推出的口述史丛书共五卷。第一卷《播撒火种的伟大先驱》，收录了53位马克思主义文献编译家、出版家本人或亲属或研究者的口述、回忆资料53篇，生动记述了马克思主义在中国早期翻译、出版、传播的艰辛历程。第二卷《跨世纪的宏伟工程》，收录了27位马克思主义经典文献编译家和年轻编译工作者本人或亲属的口述、回忆资料36篇，其中包括四任中央编译局局长的采访录。从不同侧面讲述了新中国成立以来几代编译人组织领导和参与《马克思恩格斯全集》《列宁全集》《斯大林全集》三大全集编译这项跨世纪工程以及其他经典文本编译的奋斗历程。第三卷《为了共同的事业》，收录了37位从事中央文献对外翻译、马克思主义理论和世界社会主义研究、马克思主义文献资源建设、马克思主义宣传普及以及学术交流活动等方面的专家学者的口述、回忆资料43篇。我们知道，经典著作编译是一项复杂的系统工程，新中国成立以来，中央编译局始终坚持中译外和外译中同行、翻译与研究及宣传普及并重，不同岗位的工作相伴相生、相辅相成，共同构成了经典著作编译事业的完整体系。本卷就是这些工作领域的真实写照。第四卷《人是要有一点精神的》，收录了37位马列经典著作编译者本人或亲属、同事的口述、回忆资料45篇，另附有媒体采访报道8篇。生动记述了新中国成立以来，老一代编译人“严谨治学、无私奉献、追求理想、传播真理”的崇高品格、精神风范、优良传统、工作作风、治学经验以及青春风采，彰显了他们对马克思主义编译事业的敬畏与坚守、热爱与奉献。这是他们用心血和汗水凝结而成的宝贵精神财富，将激励后来者一代接着一代干，一棒接着一棒跑，奏响接续奋斗、无私奉献的时代强音。第五卷《我与〈资本论〉翻译》，是马列经典著作翻译家张钟朴先生的个人口述录。作为一套开放的丛书，今后我们还将陆续推出其他一些马克思主义文献编译者的个人口述资料。

需要说明的是，在马克思主义文献编译史上还有许许多多著名的翻译家，但由于我们无法查找到他们本人或后人有关这一方面的口述、回忆资料，因此未能在本丛书中得以反映，留下了很多遗憾。同时，由于历史久远，加之口述者个人的记忆有限，同一件事，可能在不同的口述者中有不同的说法，也难免有不准确的地方，但作为口述历史，我们不作考证和修改，原汁原味地呈现当事人及其后人的记述。此外，由于口述者讲述的内容繁杂，而且口语化，整理起来难度很大。本丛书难免有疏漏和不妥之处，谨请读者批评指正。

该丛书在编辑、出版过程中，得到了各方面的大力支持。李大钊的后人李亚中先生、陈望道的后人陈振新先生、李达的后人李典女士、恽代英的后人恽梅女士、秦邦宪的后人秦红女士、郭沫若的后人郭平英女士、郑超麟的后人郑晓方女士、何思敬的后人何理良女士、毛岸青的后人毛新宇将军、张仲实的后人张复先生、姜椿芳的后人谭琦女士、许德珩和齐淑文两代经典著作翻译家的后人许进先生，以及马克思主义军事著作翻译家鲍世修研究员，马克思主义在中国早期传播史专家、湖北大学马克思主义学院田子渝教授等，热情关心和支持本丛书的编辑出版，并欣然接受我们的采访或专门为本书撰写了回忆文章。编译局的老领导宋书声、韦建桦、贾高建、柴方国和顾锦屏、尹承东、张海滨、王学东、杨金海等，一直关注着该丛书的进展情况并给予多方指导，有的老领导还不顾高龄、病痛，手写或者口述了多篇回忆资料。中央编译局及机构改革后的中央党史和文献研究院所属的信息资料、老干部工作等部门的部分同志做了大量联络协调、采访、口述资料整理等工作。国家出版基金将该丛书列入资助项目，给予了鼎力支持。本丛书还转载了部分已出版、发表的口述或回忆资料，弥补了我们在一些编译者口述资料采集方面的缺憾。中央编译出版社的张远航、李媛媛等为本丛书的出版付出了辛勤劳动。在此，谨向所有关心、支持和参与本丛书编辑、出版工作的同志们、朋友们一并致以衷心的感谢！

目　录

附　　录

一、学生时代

从我记事时候起，到1953年来编译局以前，好几个时代我都经历过来了。日本占领时期，当过亡国奴；国民党统治时期，我在上中学；1949年北平解放，我亲眼见到解放军进城，亲身参加了1949年10月1日天安门的开国大典，那时候我还在北京市男一中上高中二年级。1950年，高中毕业，我进入了北京俄专；1953年中共中央编译局成立，我就来到编译局工作，那年我23岁，作为那个年代的青年，新中国成立前后很多事情我们都亲身经历过，如今我已86岁了，还能清楚地记得不少往事。

我1930年出生在河北省青县的一个农村，地主出身，后来在革命队伍里，就因为这个出身一直影响我。小时候，我一直在天津上小学，四年级五年级的时候是日本占领时期，天津在日本占领以前，也就是七七事变以前，有好几国的租界，我上的小学就在英国租界。

上五年级六年级的时候，小学里面就有日本教员，日本教员实际上就是在学校当顾问的，监督学校，同时教我们日语。教我们日语的时候，中国老师来讲课都是很正常的，如果日本教员上课，首先就是军国主义那套程序：全体起立，然后做操，边做边喊口令，一二三四！做完操后开始讲日语。虽然他讲得很带劲，我们却不爱学，为什么？

亡国奴谁学这个东西啊，整个学习上的气氛就是应付应付这些日本人，不让他们找我们的麻烦，就算完了。

日本教员来讲课以前，我们教导主任都会提前到班上交代一下，说："今天日本人来上课，你们可老实点，别违反课堂纪律，否则日本人发火了，找到我，我也不好处理。"就这样吓唬我们。其实日本人来上课，我们就是应付一下，但是他那一套，跟我们中国不一样。讲课的时候，看你有点精神不振了，又全体起立，做操，完了坐下再讲。无论日本教员怎么讲，我们也不好好听，日语课就是应付，这样我在五年级、六年级学了两年日语，虽然日本投降以后，我学的日语基本忘光了，但是到编译局工作以后，在翻译马列著作的时候，还是起到了一定的作用。因为学过日语，跟没学过日语的人比起来，还是有一定的优势。日文有个特点，就是文意越深，汉字越多，日语中的连接词是日文，除此之外很多都是汉字。

日本人在天津的那几年给我的印象，我们都比较怕，为什么怕，他们的统治很厉害的。例如，在日本人站岗的地方，我们路过的时候必须鞠躬，不鞠躬就把你揪回来，鞠完躬再走。军国主义那一套非常的厉害。而且他们欺负我们中国人，当时天津有日租界，在那里学校如果有日本学生，那肯定是日本学生欺负我们中国人。所以我小时候的印象，当亡国奴实在是太屈辱了。

大概到了 1944 年，我小学六年级毕业，因为我那时功课比较好，当时考取了一个天津比较好的中学——天津工商学院附属中学。当时天津最有名的中学是周恩来总理曾经就读过的南开中学，抗日战争期间南开中学迁走了，剩下比较好的一个中学就是天津工商学院附属中学，这是一个天主教系统的教会学校，它的特点就是学校的校长、教导主任，都是来自法国和奥地利的神父。

学校里面除了教学，自习课特别多，有一个小教堂，里面经常讲道、讲《圣经》。刚进入学校，我们一帮功课比较好的同学，就是不听他的《圣经》。学校有一个西方传教士，到我们国家的新疆地区，收集了很多文物，在学校建了一个博物馆，叫北疆博物馆，馆里陈列的东西都是我们新疆的宝贝。我印象较深的有猛犸象化石，还有新疆维吾尔族的各种生活物品，我们不上自习课的时候，就去博物馆。看到博物馆，我们渐渐地形成了一个印象，就是我们祖国的宝库——新疆地区，确实是很富饶、很有情趣，而且人民生活很有特点，这些东西我们自己不管，都让外国传教士给弄在那摆着，看了很受刺激。那些神父包括我们教导主任，都是穿黑袍的，在教堂那里讲道、讲《圣经》。后来出于好奇，我们就去听，慢慢感觉也挺有意思的。所以后来翻译马列著作的时候，其中遇到引用的很多《圣经》故事，对此我并不生疏，就因为在这个教会学校上学的关系。

1944 年毕业的时候还是日本统治时期，当时天津比较有名的进步中学都迁走了，因为这种教会学校涉及西方人，日本人不敢管，所以能够在天津存在。学校里面很多老师是法国的传教士，都是信天主教的。虽然是天主教徒，但其中有些中国老师也是很进步的，对我影响很大。其中有一个地理老师，上课不讲地理，讲五四运动，讲中国如何从封建社会沦为半殖民地半封建社会，这些东西我们很爱听，我们从这些老师讲课当中受到了初步的爱国主义教育。

1945年日本投降，我们很高兴。当时我读初中二年级，国民党来到天津，我们本来跟全国人民一样，心想这下好了，日本人投降了，全国人民终于可以过上幸福和平的生活了吧。但是没过多久，就开始国共内战了。

当时天津和北平一样都是国民党统治区，但是距离天津一二百里地以外，都是解放区或者是半解放区。我们老家青县，离天津100多里地，当时属于半解放区，经常从家里传来消息，说共产党要来了，要搞土地改革了。我们家是地主，由于那时候国民党的反动宣传，当时对共产党的印象不是太好。对国民党开始是满怀希望的，觉得是正统思想，蒋委员长是我们国家的救星什么的。但是还没几个月，国民党的威信就彻底垮了，因为接收大员到处贪污腐败，国民党的兵到处横冲直撞，满大街欺负人，坐车不给钱，等等，所以没几个月，我们就对国民党失望了，感觉没一点希望，甚至觉得整个中国都没希望了。

在这种情况下，我们听到那些老师们讲了有关中国是怎么沦为半殖民地的历史知识。我记得大概是1946年吧，我们的地理老师专门跟我们讲，从1840年鸦片战争开始，到现在刚好一个世纪，中国人的灾难深重，中国人民到了该翻身解放的时候了。怎么翻身解放，他也没有一个结论，他说你们自己去研究，你们来日方长，我们当时也有点懂事了，慢慢觉悟了，就怀着一个朦胧的救国思想，因为青年人嘛，从懵懵懂懂到现在初中生二年级了，稍微知道一点今后应该怎么生活，应该和国家的前途命运联系起来，一心就想要为国家富强出力，至于怎么才能富强仍然不知道，但是有一点我们知道，就是好好读书长本事。所以认真读书对于自己而言成了大事。

另外，社会对我的教育很深，日本人时期当亡国奴，觉得很难受，后来国民党来了，有个说法，叫“等中央、盼中央，中央来了更遭殃”。那时中央是指蒋介石政权，天津因为是个港口城市，来了许多美国兵，美国兵来帮助蒋介石运兵，当时四周是解放区，国民党军从陆地上过不来，他们就通过飞机把重庆的国民党军队成批成批地运到天津，再转运到北平，接收大员也是这样过来的。当时我们八路军聂荣臻的部队就在石家庄这一带，如果从重庆那边直接通过陆路步行到北平后方基本过不来，就是美国军队帮着国民党用飞机把军队运过来的，结果天津到处是美国兵。

天津的老百姓对美国兵的那个讨厌程度，不亚于恨日本人，为什么？举个例子，我亲眼所见，美国兵没事的时候，开着吉普车，车上还坐着几个“吉普女郎”，车开到街上，横冲直撞，他们的吉普车里面有一个电接触，他们一踩油门啪啪啪地响，像放枪一样，哪儿人多往哪儿开，吓得老百姓到处跑，然后他们哈哈大笑，以此取乐。

过节的时候，像中秋节、春节或元宵节，中国人到处张灯结彩，而且都有放鞭炮的习惯，美国兵会把吉普车开到路口上，然后买一大堆“二踢脚”（一种鞭炮）搁吉普车里，横着放二踢脚，对着商店的门口，点着了啪的一声就打到商店里面去，把中国人都吓一跳，他们在车上放声大笑，拿中国人取乐，真是太可恶了，这都是我亲自看到的。

另外，我上中学的时候，从我家到工商学院附中（在天津马场道），会路过一个体育场，叫民园体育场，现在天津的这个体育场还存在，就相当于北京现在的工人体育场这么大，我们上学放学回家都路过那里，从南门进北门出横穿体育场可以很快回家。美国兵喜欢在这里打棒球，他们打棒球的时候，不让我们横穿，必须绕道，我们都恨他们、骂他们。这些美国兵在打棒球的时候，总是开着个大卡车，里面装了很多运动器械，然后中国的小孩子喜欢围着他们玩，看着他们的东西，他们有时上大卡车上抓一把糖，往地上一撒，地上那些孩子们就抢，一抢他就拍照，我们感觉到非常受屈辱。

当时我们就是受到这样现实的教育，当过日本人的亡国奴，在国民党时期又感到失望，生活水平越来越下降，老百姓普遍怨声载道，随着物价的不断上涨，我们在天津渐渐生活不下去了，老百姓都穷了，不久我们家就搬到北平来了。

搬到北平以后，自然就离开了天津那个教会中学，其实我对那个教会中学的印象还是很好的，这个好印象并不是对教会教育本身，而是学校当时的环境。当时学校的管制是很专制的，学校里基本上没有地下党、共产党活动，也不让“三青团”（全称是三民主义青年团）在学校有太多的活动，这样的校园环境当时我认为还算不错，一方面功课学得很认真；另一方面，由于受到进步老师的爱国主义教育，对自己思想的改变影响较大，当时就形成了爱国主义觉悟和读书救国的思想，觉得自己作为一个年轻人，今后要想办法，努力寻找救国的道路。国民党不得民心，当时关于共产党的传闻也是不好的，怎么办？没有出路，没有出路就只有死读书。后来我就怀着这样一个朦胧的想法到了北平。

到了北平，我以为可以继续上很好的高中，因为我功课很好，没想到来北平后又不一样了，北平倒是有很多有名的私立学校，比如汇文中学、育英中学等等，但是太贵了，上不起，结果我就只能考公立中学，当时报考了北平市市立第四中学（北京四中前身）和京师公立第一中学（北京一中前身），结果都考上了，一中插班生只录取9个人，我考了第三名。两个学校都录取我了，但是因为四中离家太远，我家当时住在北新桥，一中离家比较近，所以我就选择了一中上学。上学没车，只能步行，早上背着书包去学校，下午放学才回来，后来快解放的时候，弄了一辆破自行车。

一中在现在的安定门交道口附近，现在大家都知道有个南锣鼓巷，跟南锣鼓巷对着的叫北锣鼓巷，北锣鼓巷有一个郎家胡同，那里就是男一中当时的所在地。在国民党时期，北平的中学都是男女分校，我们学校那时叫男一中，专门招男生的。这个学校为什么叫一中，说明男一中的校史比较悠久，很可能是八旗子弟时期就有这个学校，是不是八旗子弟学校我就不清楚了，但是可以肯定的是，在清朝的时候这个学校就有了。另外，在我的印象中，学校的建筑大门上都是雕花的，里边很多设备还是老的，我在那读书的时候他们还没盖楼房，后来盖楼了。

“文革”期间，男一中很有名，那时候我早已经毕业了，我的印象中很多华侨子弟基本上都在男一中读书。学校有个图书馆，馆里面藏有《古今图书集成》。《古今图书集成》大家知道，是仅次于《四库全书》的那套书，当时在北平的中学当中，图书馆有《古今图书集成》的，好像只有男一中的图书馆，可见它的历史悠久。男一中的历史上，老舍、金受申这些人都在这里讲过课，我们在这上男一中的时候，老舍已经离开了，但是金受申还在那教语文，金受申是北京比较著名的风土志研究专家，写了好多本书，他给我们讲语文，但他也不认真讲课，课上哄小孩玩。

在男一中的学习对我来说印象很深刻，跟我初中时候的学习截然不同，那些高中生大多数基本上不学习，我们那个班上也就我们五六个人学习，从第一名到第六七名就我们几个，是一个小集团，都不理其他不用功的同学。那些调皮捣蛋的学生，上课专门欺负女老师，把教室门上放一个板擦，再放一盒粉笔，女老师进门一推，啪的掉在身上，同学们哈哈一笑，女老师回头就找校长去了，校长来了以后，把大家训一通。像这样的课堂气氛，那能学得好吗？我们那几个学习好的学生怎么办呢？不理他们。

当时学生里边分两派，一派就是国民党的“三青团”，“三青团”这一帮净捣乱，他们根本不来上课，平时就监视学校的一些进步学生，这一派相当嚣张；还有一派就是地下党，地下党这一派不完全是地下党员，地下党员也没有几个，但是外围组织很多，像民青、民联的成员，这帮学生也不上课，平时互相传递进步小说看，像奥斯特洛夫斯基的《钢铁是怎样炼成的》、高尔基的《母亲》等等，这些小说在国民党时期我都知道，有的时候他们传给我看，我当时也不敢看，因为害怕被“三青团”的人发现，把我列入黑名单，“三青团”的人除了捣乱，一天到晚就盯着地下党进步青年，一旦被列入黑名单，到时候就来把名单里的进步学生抓走。

我们学校里没有抓过，但是我的住处附近，朝阳大学里抓过，国民党政府把地下党的这些学生，叫职业学生，说他们的目的不是读书，学生是一种隐藏的身份，实质是共产党的代理人。结果“三青团”把暗中调查的名单递上去，经过特务机关审核后就开始抓人。所以，我们亲自看见朝阳大学里抓走一些平日里很好的学生，看上去都是一些穷学生，四周居民对他们印象非常好的，后来都见不到了，被抓走了。北大、清华他们不敢抓，为什么不敢抓呢？当时北大的校长是胡适，表面上有一个民主人士身份，公开声明，北京大学的学生思想自由，不能抓的，谁抓走了北大的学生就跟谁要人。所以北大的这帮进步学生很少被抓的，其他普通大学都抓过一些。

说说在我们中学的这些国民党职业学生。国民党也是为了监督地下党的活动，各个中学都派了军训教官，我们学校也来了一个，这个军训教官基本上属于国民党的特务机关。可能是因为派别不一样，军训教官和“三青团”经常打架。有一次很有意思，我看见军训教官跟“三青团”的打起来了，为什么呢，军训教官在体育课上军训，让大家站好队，然后点名让几个人出来罚站，他叫出来的那些人，都是“三青团”的活跃分子，然后找他们毛病，我估计是因为他们内部可能有矛盾，结果我们这几个人在旁边看笑话，那些进步学生呢，也一块儿看国民党和“三青团”闹的笑话。

在高中阶段，基本上是这样的一个印象。当时生活很困难，我们几个学生，中午也不回家，早上都带一个饭盒，我记得里边一个窝头、一块咸菜，就是我们的午饭。冬天的时候，教室里面会生一个大铁炉子，中午我们把窝头切成片，贴在炉子边上烤热，就着吃点咸菜，然后我们就围着炉子议论当前全国各个地方的局势，反正我们是置身事外。这就是解放前夕，1947 年、1948 年我在男一中的经历。

1949 年解放的时候，我正在读高中二年级，这段时间我思想上受到极大教育，从一个书呆子转为走向进步。解放军进城那天，是 1949 年的 2 月份，北风呼啸、飞沙走石，解放军队伍从前门进来，到前门那个箭楼，分开两路。

一路从西单到西直门，一路从东单往北到北新桥从东直门出去。

我当时正好住在北新桥地区，解放军进城的那一天，下午进城，我没到天安门那里看，据说是聂荣臻等人在前门楼子那儿站着，队伍从前门大街进来，然后在那分开。东单这边的队伍我都看到了，我当时就站在北新桥那个十字路口。过来的有两部分解放军，一部分是华北野战军，就是聂荣臻的部队，另一部分是东北野战军（四野）。两部分解放军外表完全不一样，华北野战军，土黄色的衣服，棉军帽，武器装备是从日本缴的，汽车、军械各方面都不是很先进。

华北野战军过去以后，后面解放军四野队伍过来，那可不一样了，都是毛皮帽子，绿军装，新式的机械化装备，因为他们很多都是从国民党新一军、新六军缴获的美式装备，用六轮卡车拉着跑，很多学生、市民爬到卡车上去，拿着小旗摇，学生拿着粉笔满墙满地写标语："热烈欢迎解放军"，"毛主席万岁"。当时毛主席画像是戴着灰色帽子的，和现在天安门上的挂像不同，好像是斯诺照的那张照片。那个时期，人们到处抬着毛主席、朱总司令的照片，四周都是看热闹的老百姓，当然我也是其中一员，当时心想，是不是天下要变，以后会怎么样也不知道，但是从这个盛况看，老百姓确实欢迎解放军。

解放军进城以后，军管会叶剑英当北平市政府市长，所有军管会的工作人员都穿着灰棉衣，戴着蓝色的小袖标，上面写着“北平市军管会”。解放军是军管会成立十几天以后才进城的。和平解放以后，也就是军管会成立、解放军进城以后，整个北平市的原国民党的警察局完全改了，换成了北平市军管会的。

军管会的干部给北平市老百姓留下了非常好的印象，好到什么程度，就是不吃饭，也要把老百姓的事办完。我自己感同身受，很佩服、很感动。我亲自经历过一件事，北平市军管会成立以后，解放军进城以后，优待北平市的学生，就是原来国民党的钞票需要换成解放区的钞票，好像是1万块钱兑1块解放区的钞票，但是对学生优惠，不用这么高，学生好像是1000块或者2000块就可以兑1块钱，只有学生可以享受这个优惠，限额100块钱还是50块钱我忘了，超过了限额也不行。

我也去兑换了，头一天排队很长，没兑上，第二天又去兑，结果所有兑换窗口都出了布告：“暂时停兑”。听说第一天兑换的时候出现了情况，有一些不是学生的都按照学生的优惠给兑了，所以暂时关闭兑换窗口，等研究好了办法再兑，请大家等。要求兑换的人笑嘻嘻地求情，“帮帮忙，我昨天站了好长队啦”。“对不起，”工作人员态度非常好地说，“不能兑，等出了办法一定给你兑。”这点事情就非常受感动，我心想，这共产党真不得了，统一高效，头一天发生的事，晚上一研究，第二天全市都统一不兑。就是这么一件小事，对我印象极深。再加上整个解放军进城以后，特别是街道上办事的，都是灰军装，都是军管会办事的。他们办事认真、态度和善，称呼市民为“大爷大妈”，那当时给人的印象确实跟国民党时期相比是天地之别，就这样我们北京的市民，都慢慢地觉得共产党好了。当然也有些人早就觉得共产党不错的，像我们这些人因为家庭影响的关系，农村的亲戚朋友有时候来点消息，说土改了，共产党又有了什么动作，怕共产党，但是慢慢地也对共产党有了很好的印象。

后来学校里派来了两个领导干部，一个任教导主任兼党支部书记，一个任团支部书记，我们的校长还是解放前的校长。我对派来的这两个人印象极深，是从原美国新闻处调来的，都是共产党员，穿一身美军的衣服，看上去非常洋气。可见美国新闻处当时聚集了不少地下党，而且都是懂洋文的知识分子，我们教导主任和团支部书记，都是大学生，而且英文倍儿棒，因为如果不懂英文就没办法在美国新闻处工作。

当时一解放，国民党那些职业学生都跑了，不来上课了，就剩原来那些进步学生。他俩来了以后，首先就公布地下党员名单，共产党从地下走到地上，我还记得很清楚，用大红纸张贴出来，男一中党支部共产党员名单，就是那一帮进步学生中的一些人。仔细一看，不是全部的进步学生，这时我才弄清楚，原来这些进步学生里面，正式的共产党员还是少数，大多数是民青或民联的成员，民青、民联是共产党的外围组织，并不都是共产党。

刚解放的时候，学校是一个烂摊子，学生都不上课了，当务之急就是整顿教学秩序。没人来上课怎么整顿秩序呢，学校就组织复课比赛，看看谁班里听课的学生多。原来地下党的进步青年都来上课了。

结果这些党员就找我们这一帮学习好的学生，通过合作办壁报的形式，号召大家都来听课。那些党员很有办法，他们让我们出主意，每个人都写文章，然后自己抄写。我们引用岳飞的词，给壁报取了个名字叫《满江红》，这个含义不得了，意思就是解放了，山河一片红。然后我们就以学校的现状、解放后北京市的现状、解放区的现状等为题材写文章、写诗，将自己的看法发表在壁报上。

我们壁报办得很漂亮，那报头是一面红旗，专门搞美术的学生画的，内容使用正规的作文纸贴在彩色纸上，占了一面墙。等《满江红》办好了以后，不出三天，突然有一批学生也办了个壁报，取名《黑无常》，看来有点跟我们作对的意思。《黑无常》的壁报上面画几个鬼，意思就是和《满江红》相对立，这个壁报的名称就是允许就出，不允许就不出，反正无常，不知哪天就停了。那时壁报里头都有斗争。

我们这一帮学习好的都在《满江红》里面，慢慢地，我通过办《满江红》这个壁报，思想就跟着进步了。怎么进步的呢？当时让我们写文章，但我又不知道写什么，党员们就说，写你自己的思想吧，你怎么想就怎么写。开头第一期我就写了解放军进城，再往下第二期第三期写什么呢，他们就建议我读读毛主席的文章。

结果我就去读了，毛主席有一篇文章讲五四运动和中国青年的方向，这篇文章我在高中二年级就读过了，读了以后对我思想的转变起了相当大的作用。我记得毛主席在这篇文章中，讲中国五四运动的时候，青年们分成三派：一派是左派，一派是右派，一派是中间派，左派后来发展成共产党，右派是国民党，包括罗家伦这些人，中间派仍然在彷徨，但是他们中间派早晚也会分化，转入左派。毛主席讲，实践已证明左派选择的道路是正确的。我读完这几篇文章，边思考边对照，心想毛泽东写这些文章的时候真是英明，现在这些都已经成为现实了，北平解放，全国差不多全解放了，这些不都证明左派的正确吗？读完这篇文章，我就懂得了，作为一个知识分子，要想救国，就要走五四运动时候左派的道路，什么是左派，就是与工农兵相结合。

就因为办壁报，我的思想才开始真正转变，我要走左派道路，跟工农兵相结合，也就是说我要信共产党了。我就找教导主任也就是学校党支部书记，他也兼政治课教员，向他表达了我要加入共产党的想法，他问我现在加入共产党干嘛，让我再看看，熟悉熟悉，了解了解共产党是干什么的。当时解放以后，在北平的中学生、大学生当中掀起了参加革命工作的高潮，当时成立了一个“南下工作团”，就是从北平南下，到华中、华南，最后到广东这一带，跟着四野南下工作，结果好多人要求加入“南下工作团”。还有很多人要求上革命大学。为了教育我们这些中学生，组织我们去革命大学参观。革命大学那些学生学的是什么呢？就是改造思想、劳动创造世界、艾思奇讲的哲学思想等等。

我们去参观以后，回来很受感动，结果我就提出来要参加“南下工作团”。党支部一研究，我们十几个要求南下的积极分子不让去，说是有别的安排。后来我也想通了，不去也行，反正我在北平还可以继续学习，要是去的话，别说大学，我这个高中都上不完了，因为当时正读高中二年级，我想我还是要把高中上完才行，然后再上大学。

很快1949年的暑假来了，校党支部书记告诉我，北平团市委办了一个北平市大中学生暑期学习团，让我去参加，我们男一中去了四五个，其中有一个党员，其余的都是青年积极分子。这个北平大中学生暑期学习团就在灯市口，当时的育英中学，现在大概是25中吧，北平团市委直接办的，学习团领导是当时的北平团市委书记许立群，后来任过我们中央编译局局长。许立群笔名杨耳。团市委的副书记是蒋南翔、荣高棠这些人。

我们到了那里集中住下，入学头一天就学社会发展史，上午学了劳动创造世界，我们下午就参加集体劳动，打扫屋子，各个教室都打扫得干干净净，铺上草垫和席子然后睡觉。

每个班一间教室，一个指导员，指导员是从华北人民革命大学调过来的。我们班的指导员很有意思，知识分子，戴个眼镜，我觉得对学生来说很有魅力，为什么？他是革大来的，学生出身，还会辩证法，我心里觉得很佩服，没事就找他聊天。我们学生在一起听大课，听完大课讨论，讲大课的是谁呢，有艾思奇，讲猴子怎么变成人；还有荣高棠，讲五四运动、一二·九运动；蒋南翔也来讲过。

我印象最深的，是有一次北平市委书记彭真给我们讲课，回答问题。当时苏联军队在我们东北纪律不好，发生了很多问题，而且把我们东北一些日本工厂里的很多机器拉走了，这件事在北平市的知识分子和普通市民中，反响很大，很多人对此非常有意见。这是一个很大的问题，然后提出来讨论，大家提倡知无不言言无不尽，有什么思想想不通的都可以讲。

有人就提出来，苏联和我们一样都是共产党的国家，为什么他们有人抢我们的机器，为什么有人在东北纪律不好，等等，提的意见很多。一般的教员回答不了这个问题，于是就打算把彭真找来，大家心头想，反正这是铁的事实，我看你彭真怎么讲，等于给他出了难题了。

那一天，院子坐满了人，大家都等着听彭真回答这个问题，个个聚精会神。彭真怎么回答的呢，当时他讲了很多，基本意思我现在还记得清楚。其实现在我们知道，当时我们党中央对这事也有意见，但是现在要给老百姓解释清楚，怎么说呢。我记得彭真是这样说的，苏联的军队当中，纪律是很好的，红军怎么能不好呢，不好的是少数，有少数的红军是从苏联的监狱里面放出来的，结果他们有点故态复萌，这些人当然犯了纪律我承认，但这是少数，这是第一。这一说大家心里就痛快了。

他接着说，第二……第三，搬走的机器是日本的，不是咱们中国的，苏联红军把日本打败，机器设备作为缴获的战利品，他们如果给我们，我们当然感谢，但是他们拿走我们也没有理由说他们不对，因为没收的毕竟是日本的财产，而不是中国的财产。他解答完了以后，大多数问题解决了，但是没有彻底解决，总的来说，还算可以吧。

这就是大中学生暑期学习团的情况，学习团里边有几种人，一种是大学生，北大的清华的都有，他们都是骨干；一种是高中生，北平各个中学的积极分子；还有一批初中生，后来我认识了一个初中生，提起他也上过这个学习团，才知道有一批初中生也和我们在一个院里受过同样的教育。

7月份，我在暑期学习团里边入团了，1949年刚建团的时候，叫新民主主义青年团，团中央第一任书记是冯文斌，后来胡耀邦当了第二任团中央书记。当时新民主主义青年团的章程是任弼时起草的，咱们五大书记处书记之一。新民主主义青年团成立后，我们是第一批团员。

到9月份我们都回到各自学校，我担任了男一中团支部的宣教委员，邀请我合办壁报的那个地下党员是团支部书记，我们成了男一中青年团的第一批骨干，接下来的任务就是发展团员。后来我们的政治课教员跟我谈话说，之所以没有同意我去南下工作团的请求，就是打算安排我回来建团的。

当时我入团的时候，谈话人问我一个问题，就是共产党员跟非共产党员有什么不同？我说共产党员先进。结果他又问，同样先进的有的在共产党组织，有的不在共产党组织，有什么区别？我当时想了半天，也不知道有什么区别。那同样的进步青年，有的是团员，有的不在团组织，有什么区别？我说不知道。他告诉我，有没有参加组织是个分界线，现在入团以后，就是有组织的人了，只有组织起来才有战斗力，这回才明白了。这次谈话对我影响很大。回去建团的时候，我跟申请入团的年轻人谈话，也问了这样的问题，你为什么入团？入团跟不入团有什么区别？一般都答不上来，我就告诉他，入了团就有了组织，有了组织才有战斗力。就这样，我成为男一中第一批建团骨干，一直到高中毕业。

自1949年北平解放后，我们青年学生也和北平市民一样，几乎天天都有高兴的事，令人振奋，扬眉吐气。一件事是我们解放军渡长江去解放南京的时候，英国“紫石英”号军舰停在长江口内，妨碍我们解放军渡江，结果我们解放军用大炮把英国军舰轰跑了。英国政府发表声明，表示抗议。我们当即发表强硬声明，予以回击，说你们帝国主义压迫我们中国这么多年，作威作福惯了，谁允许你们进入中国的内河，从今以后再也不要做过去那样压迫我们的美梦了，中国人从此再也不怕你们了。后来才知道，这份声明是毛主席亲自起草的，中国人听了以后，都觉得挺直了腰杆，精神振奋。

另一件是美国就国民党在大陆的失败，发表了“白皮书”，争论究竟是谁丢掉了中国。“白皮书”中历数美国对中国有过什么恩惠，用庚子赔款建了多少学校。美国国务卿杜勒斯坚决与新中国为敌，不与新中国建交，还撤走了美国驻华大使司徒雷登。结果毛主席连续为新华社写了5篇社论，驳斥美国“白皮书”，揭露美国的伪善面目，教育国内对美国怀有好感的知识分子。毛主席在社论中号召中国知识分子自立自强，和美帝主义划清界限。我还记得，新华社最后一篇社论的标题是《别了，司徒雷登》，其中把美国撤走大使叫“滚蛋大使”。我当时作为一名青年学生，读了这些声明真是解气。我国政府还采取措施，把美国大使馆在东单使馆区的房屋给没收了，同时把美国“白皮书”中提到的他们为中国人民做好事而设立的燕京大学给撤销了，并把北京大学和原燕京大学合并成北京大学。凡此种种，都在知识界引起重大思想波动。

再有就是，1949年9月下旬，全国人民政治协商会议第一次大会召开。在这次会议上，要制定各民主党派的《共同纲领》，以代替建立新中国的宪法。毛主席在会上发表讲话，他以洪钟般的声音宣告，中国人民从此站起来了！这是代表亿万受压迫受苦难的中国老百姓发出的心声。我回想起自己从小经历的日本人的压迫，受到美国大兵的欺侮，从广播里听到毛主席的这种豪迈声音之后，激动得热泪盈眶，整夜都睡不着觉。紧接着在1949年10月1日，在天安门广场举行了开国大典。我有幸亲自参加了这一盛典，成了我一生中最最难忘的一件大事。

当时北京的各中学和大学，都做了多方面的准备，有红旗、彩旗，各种各样的标语和毛主席的画像，来迎接这个节日。10月1日一大清早，我们一中的队伍就集合来到天安门广场，正式典礼下午3时才举行，我们整个上午一直蹲在广场上，红旗和彩旗飘扬，人声鼎沸。我们的队伍就站在广场的西北角。直到今天，如果细细分辨新华社发表的开国大典的照片，还能找到高举“一中”两个大字的人群。我站在旗帜的海洋中，远远地遥望天安门城楼。毛主席出现时，全场一片欢呼。毛主席在城楼上按动电钮升起了新中国第一面五星红旗，宣读了中华人民共和国中央人民政府成立的第一号公报，新中国成立了。从此，我们扬眉吐气地生活在新中国的阳光之下，感到无比自豪。

到了1950年，快要高三毕业的时候，我打算去考大学，我当时组织观念强了，什么事都请示组织。我跟支部书记说，我想去考地质大学，因为我爱活动，读地质大学将来可以去为祖国寻找矿产。结果他说，对我有安排，让我不要去考大学，现在有一个机会就是让我去北京俄文专修学校学俄语，不用考试，拿着支部的介绍信，就可以去。

我心想，我这一辈子什么功课都学得不差，就唯独没学好外文，英文我就没学好，感觉没有信心。我说，学外文我没信心。但是他说，工作需要就得学，你不是要为了国家建设奋斗吗？那现在就是最需要的时候。为什么呢？现在解放战争快结束了，我们国家要转入搞建设了，到时候会来很多苏联社会主义国家派来的专家，需要大量的俄语翻译人才，你不学，怎么把苏联的先进经验介绍进来，怎么陪同来我们国家工作的专家？

就这样我被他说服了，就没去考大学，等着分配，到了高三毕业的时候，北京俄文专修学校（北京俄专）在北京市直接挑选党员团员，极个别是没入党或没入团的，至少是积极分子。总共开设三个班，其中北大、清华的学生占了两个班，北京中学生有40多人占了一个班，主要来自男一中、男四中、师大附中、男五中、女二中等当时在北京比较有名的公立学校。这三个班，是北京俄专在北京招的第一批学生。北京俄专刚成立的时候，在我们前面来的一批学长都是从哈尔滨那边过来的，在我们后面的是从中央军委来的四个班。这样在1950年，我就正式进入北京俄专学习了。

刚来到北京俄专的时候，我们的班主任是张伯新，他负责我们全班的生活管理和思想教育。北京俄专是怎么成立的呢？听老校长师哲回忆说过：当时刚解放的时候，周总理每次召集国务院会议，会议结束后，各大部的部长们都会黏着总理，要求给他们训练一批俄文干部，这苏联专家快要来了，没有翻译怎么行呢？师哲说，当时他的事情也挺多，对于办学积极性并不高。后来有一天总理把他叫去了，总理亲自起草了一个北京俄专的章程给他看，让他把学校办起来。他没办法啦，把章程都给他了，只好把俄文专修学校办起来了。

所以北京俄专是周总理亲自起草章程让师哲办的。那么学校在什么地方呢？南宽街，也就是中央编译局后来的宿舍。一个大铁门，上面一个横匾，毛主席亲自题写的校名“北京俄文专修学校”。为什么叫北京俄文专修学校呢？因为原来在民国初期，北洋政府外交部开办过学俄语的机构，叫“俄文专修馆”，解放以后我们重新办俄文专修机构就不能叫“馆”了，所以叫北京俄文专修学校。

我在一中毕业的时候已经是团员了，学校团组织负责人给我写了一封给北京团市委的介绍信，装好信封后对我说，你拿着信封自己去转组织关系。怎么转呢？我拿着这封介绍信，首先来到北京团市委，当时北京团市委在现在王府井南口，那地方很大。当时就见到蒋南翔了，他们正在那商量什么事情。他们将我从北京团市委转到中央组织部，中央组织部就在西单商场旁边（现在已搬走）。我带着介绍信来到中组部的一个接待大厅，一个四五十岁的女同志，见到我特高兴，冲我打招呼：年轻同志，欢迎，喝水，问我入团多久了。很热情，给我的印象非常好，那时候办转接手续还是地下工作转关系的那种方式，非常细致，就凭这个信，她又给我开了一封信到中直团委，我问中直团委在哪，她说在丰盛胡同，就咱们现在单位背后这条胡同，我拿着这封信又来到中直团委。中直团委的同志见到我说，你是俄专的？可以，然后马上给我换个信封，把信装进去夹起来，又开一封信给我让我找俄专的文琪同志，就是当时北京俄专的团委书记。

我直接拿着信到俄专找文琪同志去了。南宽街俄专门口站着俩解放军，我说我是新来的学生，那解放军让我进去了。到了里头，院子里都是空荡荡的，就只有一个人值班，就是后来我们在俄专的班主任张伯新同志。我告诉他说我是来报到的学生，他让我把介绍信拿给他看，他手里还有个名单，一对照，张钟朴，有你，行了，你来了挺好。这样吧，现在暑假，你先回去，等到9月份开学时候我通知你再来吧。你住北京？我说是。我问怎么没学员，张伯新说，学员都到北戴河休假去了。我心想，这学校可了不起，学生都可以到北戴河休假，当时给我的印象不得了，这个学校很特殊。

我就回家待着，等到9月份开学的时候，通知我报到。那时候北京俄专就不在南宽街了，搬到了现在的新文化街，即现在的中央音乐学院。中央音乐学院的房子都是俄专那时候盖的。那么南宽街呢，南宽街有两个越南班，也是俄专的，但这个好像从来没对外公开过，越南学生在这学习，李立三的夫人李莎教授，懂法文的，教他们学俄语，越南社会主义共和国成立以后，第一批俄语人才就是从南宽街培养出来的。

到俄专以后，学校告诉我们俄专的学生，这三年就算参军了，每个人发一套军装，灰颜色的棉袄，供应按月全部包干制，然后一个人一个月发三块钱，这三块钱我除了买牙膏牙刷以外，每个月还剩一两块钱，还能买点糖吃，每天晚上下课以后在鲍家街四周散散步，挺好。我们在俄专的那三年，教员都是从苏联派来的，直接授课，从字母教起，这些苏联老师可不得了，都是功勋教员，有得过列宁勋章的，有得过红旗勋章的，我们班主任，教我们的一个老太太，就是教中学生的模范，是红旗勋章获得者。我们在俄专要求“四会”：中译俄、俄译中、口译、笔译必须都得会。

在俄专的时候，正赶上抗美援朝，在我们前面有很多同学没有学满三年，还没有毕业就调走了，都到东北航校去帮苏联专家培养飞行员去了。我们那一届当时共三个班，即九班、十班、十一班。九班、十班是来自北大清华的学生，十一班是我们中学生，一班到八班的很多学长，绝大多数都去了东北航校。

学校告诉我们，随时做好准备，很可能参加抗美援朝，当时鼓励上前线，组织大家报名，又是很重要的思想教育。

当时美国在朝鲜战场上扔细菌弹。我们就搞爱国卫生运动，细致彻底地打扫卫生。然后，我们就给志愿军炒面，小麦粒炒好了磨成面，志愿军上前线背着一个干粮袋，里面是三天的干粮。然后就是献血，我们在俄专期间，献过好几次血，那时候年轻，献了血喝点水，第二天又上课，没事。现在的有些年轻人表现得很奇怪，一说献血，吓得不得了。我们那时候献血算什么，而且医务室的大夫动员我们说，献点血对身体有好处，为什么有好处？血液得到经常更新，等等。

在整个俄专期间，我们俄语学得很认真，等到快毕业的时候，抗美援朝结束了。校长师哲亲自跟我们说，你们都签过名要上前线，现在告诉你们，你们已经错过机会了，抗美援朝战争结束了。你们是我们国家社会主义建设的第一批人才，你们准备投入到建设社会主义的事业当中，为了祖国建设，需要很高的俄语水平，因此你们必须把三年学完，学两年的水平不够。结果我们和两个大学班都是在俄专学了三年俄语毕业的第一批学员。

在北京俄专，除了学俄语以外，还有政治课，还要学政治经济学。我们政治经济学的老师邢贲思，对我影响很大，邢贲思的政治经济学讲得非常好，从那时起，奠定了我对政治经济学的兴趣，后来我在编译局搞政治经济学的研究，翻译《资本论》，就是受他的影响。

在俄专毕业分配工作的时候，我们又开始讨论，现在对我们来说是一个分水岭了，在这以前都是祖国教育培养我们，我们就吃现成的。从今往后，我们就要报效祖国了，上哪儿去呢，祖国哪里需要就上哪去，做好准备到最艰苦的地方去。等到分配名单发布的时候，我一看出乎意料，张钟朴被分到中央编译局。还是回到自家来了，没走出去。因为在我看来，北京俄专当时就是编译局的干部学校，我们在俄专当学生的时候，所有的政治教育、政治运动，大都跟编译局的干部在一起，一块上课，一块讨论，干什么都和编译局的一起。当时校长师哲，局办公厅主任何匡，经常到俄专去讲课。我想到最艰苦的地方去，到最需要的地方去，这个愿望终究还是落空了。除了中央编译局，还有一批人去了外交部。据当时主持分配工作的人后来跟我说，考虑到我能坐得住，能钻研，对理论有兴趣，我的性格适合坐在这儿搞理论，所以分到编译局。我后来才知道的，反正分到编译局我是觉得有些意外，感觉回到自己家了。

中央编译局1953年1月正式成立。到了1953年8月份，调了三批干部，来自三个俄专，一批来自哈尔滨俄专，一批来自上海外专，还有一批就是我们北京俄专，来得最晚，其他两批都早来了。当时学校让我们等着编译局派车来接，我们从7月底一直等到8月份，行李卷老早就打好了，一直等了一个多礼拜，编译局干部科的张玉凤同志才来，他告诉我们局里面的车子没时间，让我们抱着自己的行李卷坐三轮到编译局。他给我们叫来10辆三轮，从新文化街，一直拉到西斜街，来到编译局。从此以后，我便在编译局扎下根来，在这里工作了一辈子，直到今天。

以上就是我个人学生时代的经历。在大的历史潮流中，在党的引领下，从一个青年学生逐步走上革命的道路。我们同时代的大多数知识分子，虽然每个人具体的道路有所不同，但总的来说也有共性，大体上都是从死读书、不问政治，在时代大潮的冲击下走上了革命的光明大道。

二、初来编译局

1953年暑假我们毕业了，我原本的打算是上地质大学，然后到全国各地去找矿。后来被分到编译局，出乎我的意料，也有点失望。为什么呢？因为编译局跟北京俄专其实是同一个地方，编译局局长和俄专校长都是同一个人——师哲，这样等于分到自己家。1953年1月份中央批准成立编译局之初，从全国三个俄专（北京俄专、上海俄专、哈尔滨俄专）调了一大批青年人来，其中上海俄专的前身是姜椿芳同志创立的上海俄文学校。我们北京俄专的学生报到最晚，我的印象好像8月份吧，由我带队来报到的有10个人。在我们来以前，上海俄专和哈尔滨俄专的学生比我们早一个月都已经来了，他们来的人比我们多，各有二三十人，加上我们共来了60多人，使编译局的人数一下子增加了一倍。现在的编译局所在位置就是当年的一所中学，中学旁边是我们的花园，学校没搬之前，后边有一块空地是批给我们盖楼的，当时还没盖，后来就盖成了我们现在的3号楼。

我们刚到编译局的时候，分散办公。因为编译局在1953年上半年刚刚由两个单位合并，一个是中宣部的《斯大林全集》翻译室，当时是姜椿芳同志领导的；另一个就是师哲同志领导的俄文编译局。合并初期，内部的科室设置

中央编译局早期的大门

还不像后来分的这样具体，当时只有第一翻译室和第二翻译室。第一翻译室在现在的西四北大街大红罗厂办公，实际上就是原来的中宣部《斯大林全集》翻译室的人员，当时《马恩全集》和《列宁全集》还没上马；第二翻译室在轱辘把胡同，太平桥大街路西，就是原来的俄文编译局所在地，后来成了编译局的职工宿舍。合并后的编译局首任领导分别是：局长师哲，副局长陈昌浩、姜椿芳。第一翻译室的室主任是由姜椿芳兼任，他在文艺界的事很多，平时工作忙，所以日常工作具体由易惠群来管，易惠群是支部书记，像现在的秘书长一样。第二翻译室的主任是何匡，副主任是刘水，主要的任务是翻译苏联的文献，他们帮教育部翻了很多苏联的教材，另外还帮《人民日报》翻一些理论的东西。后来我们成立了《学习译丛》室，主要编译出版《学习译丛》杂志，就是从苏联各个理论刊物当中选一些重要的文章，翻译成中文出版。另外，除了这两个翻译室以外，还有一个编审室，编审室当时的任务就是审定经典著作《斯大林全集》。《斯大林全集》各卷定稿后，要交到编审室来再重新校审一遍，除重新校审内容外，还要统一译名，还有中文修辞等工作。编审室的主任由陈昌浩兼任，副主任是陈山。三个业务室之外还有一个办公室，一个行政科。我们刚来局的时候，《斯大林全集》第一卷已经在排印当中，我们刚好赶上第二卷的翻译工作。

刚来的时候，局里的宿舍不够，我们临时住在一个小四合院，是从居民手里租过来的。炕也不够，地上铺上草垫子就睡，我们在这等了两天，然后局里就安排我们10个人考试，根据成绩分配工作，由业务秘书组的同志来组织考试。业务秘书组是有来头的。在批准成立中央编译局的文件里面是这么说的，中央编译局由原来的俄文编译局和《斯大林全集》翻译室两个单位合并而成，同时任命三位局领导。任务是翻译三大全集：《马恩全集》《列宁全集》《斯大林全集》。文件的最后加了一句话，就是在局里要保留一个机动翻译小组，以备中央书记处口头和文字翻译的需要。这个小组就是业务秘书组，他们除了要临时翻译文字的东西以外，还有口译工作。当时组织我们考试的就是这个业务秘书组的同志，这个组在南宽街师哲同志的外院办公，师哲同志住在南宽街里院。师哲同志每天上班的时候，有什么任务就交代给业务秘书组，组长是张纪恒，副组长是赵仲元，他经常外出担任口译。

我还记得那次考试，考笔译和口译。笔译考的是翻译《斯大林全集》第二卷里面的一段话。后来我才知道，他们当时在翻译《斯大林全集》的过程中，有一段话遇到两个问题反复讨论，最后定稿很困难。一个问题是这句话怎么理解，另一个问题是把这句话理解了以后怎么用比较规范的中文翻译出来，他们就把这两段隐藏着“钉子”的段落选出来考我们这些新来的。我比较粗枝大叶，一眼看上去觉得挺容易，就直接翻译出来了，隐藏的两个“钉子”根本没发现，所以我的笔译很快就交卷了。然后考口译，口译考的是如何看待抗美援朝的形势，口译我们不怕，因为在北京俄专的时候，正赶上抗美援朝运动，那些关于抗美、反帝国主义的口语是很熟练的。我讲了不到十分钟就让我停下来了。给他们留下的印象是：张钟朴口译不错，笔译有点粗心，钻得不够深。

根据考试成绩，把我分配到斯大林著作翻译室（第一翻译室）。大概是9月份吧，易惠群会见我们，由于我们刚来，对工作不熟悉，他让我们先学习学习，给我们拿来一些已经译好的《斯大林全集》中文第二卷的稿子，让我们看看老同志是怎么译的。上班以后，我们在红罗厂就是看这些。给我们的印象，《斯大林全集》中文第二卷在我们学过的所有的翻译文章当中确实是鹤立鸡群，主要特点在于它没有翻译腔，几乎跟中国人写的文章一样。翻译得非常好，我们很佩服，我们就每人弄一小本儿，把里面的外文句子抄下来，然后自己翻中文，翻几句感觉自己翻得很不像话，翻出来是外国式中文，然后就对照已经定稿的东西找差距，这样学习收获很大。

我记得很多老同志给我们上课，给我们介绍翻译经验时说，翻译就是研究中文和俄文两种文字的特点，不能机械地按照俄文那个顺序摆下来，这样翻译出来有翻译腔，使中国人读起来似是而非，这样是不行的。那么怎么研究这两国文字的特点呢？他们就告诉我们，中国文字跟俄文有很大的不同，中国文字的理论文章不是很长的句子，短句子的联系是精神联系，不是文字联系，而俄文和西方外文都是用介词连着的，而且越是理论深的文章句子越长，所以主要要学会拆句子。这样学了一段时间，老同志就告诉我们，反过来再学，就是让我们看看毛主席的《实践论》《矛盾论》翻成俄文是什么样。我们一看感觉又不一样了，毛主席的《实践论》《矛盾论》中文非常通俗，句子都很短，但是你一看俄文版，把毛主席的短的句子都给连在一块了。因为在俄国人看来，理论文章的句子如果都是很短的一小句，像人说话一样，那就不够水平了，不够文绉绉了，所以必须得连着，刚来的时候就学习这个，体会很深。

在斯大林著作翻译室待了不足半个月，当时办公室人事科的干事丁守和同志把我叫去了，当时人事科科长是师哲同志的夫人——周惠年同志，周惠年同志早期在上海党中央机关做地下工作，曾掩护过周总理。她跟我说，业务秘书组缺人，你去那吧，那儿的工作也挺重要的。结果我就被调到了业务秘书组，就从斯大林著作翻译室所在的大红罗厂回到了南宽街。除了我以外，还抽调了六七个口语比较好的年轻人，到业务秘书组做日常工作。到南宽街以后，我们做什么呢？我印象比较深，当时师哲交给组长副组长他们一些任务，有些是口译的任务，我们不参与。那我们干什么呢？当时南京军事学院有一套教学的图片，都是联共党史挂图，委托我们局校对挂图。为什么要校对这个呢？因为挂图里面都是引用的马克思恩格斯列宁斯大林的语录，当时这些语录的全集还没翻成中文，他们自己翻译的，没有把握，让编译局来给最后定稿，结果我们就承担了这个任务。

后来又接到中央办公厅交来的任务，翻译当时苏联老百姓写给毛主席的信。苏联人有个习惯，过去他们信东正教的时候，生了小孩要认教会的神父当干爹，后来革命成功以后就改了，不认神父而认革命领袖，有的认斯大林当干爹，有的认毛主席当干爹。他们写信给毛主席，首先赞美一通，说毛主席是伟大的革命领袖，然后告诉他出生的孩子姓名和出生日期，希望认毛主席做干爹，写信通知一下。有的写得很有感情，然后我们就翻译了好多这种来信，一开始翻得很详细，后来中央办公厅的同志说，用不着翻这么详细，让我们看完信后，直接在信上写几句话，大意是认毛主席当干爹就行了。这种信特别多，当然也有少量其他内容的信，都是不太重要的一般老百姓的普通信件。

至于党对党之间的比较重要的来信，一般由中央办公厅自己翻译，他们内部有翻译组。

另外，我还有个任务。那时，师哲同时担任河南省人大代表，河南省政府每天都给他寄《河南日报》，河南省发生的事情及河南省委的一些活动，一般都要通知他。结果，师哲就给我安排了个工作任务，《河南日报》寄来的时候让我先看，然后定期一两个月由我写一个简单的综合情况报告，主要反映《河南日报》最近报道的一些重大问题。另外河南来的文件我帮他代收登记，就这样，我在业务秘书组干了比较长一段时期。

业务秘书组日常工作量有时不够饱满，在工作不忙的情况下，我们还干一件事，那就是翻译《学习译丛》的文章。我们这个业务秘书组，在行政上它隶属于第二翻译室的《学习译丛》室，《学习译丛》室的主任是刘水。我们翻《学习译丛》的东西，我印象中最多的是苏联的理论文章。尤其是《毛泽东选集》刚翻成俄文的时候，俄国人对毛主席的《实践论》和《矛盾论》展开热烈讨论，当时苏联很多重量级报刊包括《真理报》，发表了很多讨论《实践论》和《矛盾论》的文章。重要的文章我们都翻译成中文，特别重要的文章就登在《人民日报》或者是咱们的《学习译丛》上。记得有一次，师哲把我们叫去说，苏联《真理报》刊发的毛主席的《实践论》，给删掉了一段，让我们查一查究竟删掉了哪一段。我们就仔细核对，找到了删掉的那一段，然后写了报告，由师哲交到中央书记处去了。这些就是我们业务秘书组的工作。

下面我讲讲对当时的局领导的印象。当时编译局有师哲、陈昌浩、姜椿芳三位局领导。

师哲是陕西人，北伐战争以后，共产党、国民党、开明军阀，都派了一批青年子弟到苏联去留学，当时，苏联为我们成立了中山大学，蒋经国、王明等人都在那学习过。师哲是西北军冯玉祥的部下，冯玉祥作为一个进步军人，他也选派一帮青年人，这其中就包括师哲。师哲到苏联后没在中山大学，他上的是伏龙芝军事学院，从伏龙芝军事学院毕业后，就留在共产国际工作。后来到了延安时期，就从莫斯科回到延安，在中央办公厅一直负责跟苏联的联络工作。解放以后，编译局成立后任局长，同时任北京俄专校长，还兼任新华社的职务。在我们心目当中，师哲是大翻译家，翻译界的头号人物。为什么？我们中国代表团到苏联去的名单中，毛泽东、刘少奇是代表团正副团长，下面工作人员中，师哲是政治顾问，政治顾问实际上是担任重要俄语翻译。所以在我们翻译界，特别是我们俄专学生当中，师局长又是师校长，是翻译界的大权威。

两位副局长中，其中一位就是陈昌浩。都知道陈昌浩在长征的时候是红四方面军张国焘的政委，但是这方面我们印象不太深刻。我们对陈昌浩印象最深的是，解放初期我们中国人学俄语的时候，当时没有俄华词典，后来苏联外文出版局出版的唯一一部《俄华词典》，就是陈昌浩编的。几乎所有学俄文的都知道陈昌浩编的俄华词典，所以在俄文方面，他也是当之无愧的大权威大鼻祖。另外，1949年团中央刚成立的时候，陈昌浩在《中国青年》杂志发表过一篇他译的《巴甫洛夫致青年的一封信》，这封信非常重要，讲青年人如何学习，巴甫洛夫是苏联很著名的科学家，所以在青年当中一提到陈昌浩，都知道那是大翻译家，不但是革命家而且是翻译家，印象中他还翻过一部很重要的小说《旅顺口》，这是很厚的一本书，也是苏联外文出版局出版的。

还有一位副局长就是姜椿芳了。姜椿芳我们很多人不太熟悉，但是如果一提到他的笔名林陵，却是无人不知、无人不晓。林陵解放前在苏联大使馆的时代出版社担任社长，出了大量的书，他自己翻译了很多苏联电影、苏联文艺作品，还有几乎每个人都会唱的苏联歌曲《歌唱祖国》，就是林陵翻译的。所以一提林陵，都知道那是大翻译家。所以我们觉得，编译局的这三位大翻译家不得了。

后来又来了一位副局长——张仲实，我们尊称仲老，我顺便也把仲老讲一讲。仲老之前在西北局宣传部任副部长，也曾在苏联中山大学留过学，1955年来到我们局，跟我们讲他就喜欢我们编译局这种很安静的研究环境。仲老喜欢打羽毛球，我们经常陪他打。有一次，我和他聊天，我说您那时在中山大学，是不是蒋经国、王明他们都在？他说都在。我说您对他们什么印象？他说蒋经国、王明他们各自一帮，当时都不好好念书，都搞小圈子、搞帮派，就我们几个人老老实实地学俄语，也学得最好。可见当时在中

师哲

陈昌浩

张仲实

姜椿芳

山大学，仲老学得很好，但是他不和其他人拉帮结派。仲老从中山大学毕业回国以后，国内正好处在白色恐怖时期，他就开始搞地下工作，他在唐山的时候跟党组织失去了联系。从那以后，仲老一直从事革命文化活动，他开始在生活书店当校对编辑，后来编了好多年的《世界知识》杂志，仲老在《世界知识》杂志写的社论，每一期在当时理论界都很有影响力，为什么？他是按照苏联《真理报》对当时国际形势的分析写的，所以仲老在《世界知识》写的社论很有影响。后来仲老跟着茅盾绕道新疆经过盛世才那儿，然后转到延安去找党中央，像丁玲这些当时解放区的大文化人一样，仲老到延安受到了热烈的欢迎。毛主席在《毛泽东选集》当中引用了一段引文，出自斯大林论民族殖民地问题的一本书，下面注明张仲实译，有人后来提议是否不用注译者的姓名，结果毛主席还专门说，必须要把译者写上，证明他们对理论传播的贡献，所以毛主席在他的选集上，把仲老名字写上。这就是我对四位老局长的总体印象了。

关于对编译局的中层干部的印象，就室主任和组长这一级的，第一翻译室究竟谁是组长现在我记不清了，但是当时第一翻译室的四大金刚，可能大家听说过，毕老大（毕克），陆老二（陆梅林），宋老三（宋书声），林老四（林基洲）。还有张慕良他们几个好像都是骨干，他们是负责定稿的。第二翻译室这边就是何匡、刘水，他们都是从延安来的俄语翻译，何匡原是军队的翻译，对军事上的很多术语很熟悉，是俄文编译局的骨干。后来何匡跟着苏联专家在全国讲政治经济学，在俄文翻译室有一个《资本论》学习小组，以何匡为首。刘水是东南亚的华侨，他也是在延安学的外文，我的印象里中层骨干有张秀珊，比较活跃；还有周亮勋，他比我早来两三年，对经济学的东西很熟悉，《学习译丛》当中很多译文都是他来定稿；宋书声他们几个是从《大连实话报》来的；除了我们新来的一些人，还有些人是从中宣部原来的《斯大林全集》翻译室来的。

编译局当时的生活，很有特点。年轻人生动活泼，还有点洋气，同样是中直机关的，别的机关里工农干部很多，唯独编译局知识分子非常多，而且年轻，生活也多少有点洋化。当时业务人员不打扫办公室，晚上下班以后，卫生都由公务员来打扫，当时公务员都是机关的行政人员。另外，生活也有些特别，咱们有些行政科的人员，是从哈尔滨来的，他们在哈尔滨的时候就跟俄国人一起生活过，所以比起一般的生活方式，有点洋气。比如食堂有一个叫鲁凤桐的，每天中午，等我们吃完午饭，他就做一桶冰淇淋，在办公楼门口卖，只收工本费，大家吃完午饭可以顺便来买冰淇淋，这是别的单位没有的。还有一个食堂的清洁工叫马露霞，也在哈尔滨生活过，把食堂的卫生打扫得非常好，几乎整个中直机关都是没法比的，经常得卫生先进，她是按俄国人的办法打扫的。食堂里的伙食也蛮好的，这是为什么呢？当时刚解放，很多过去在旧社会的大宅门里面或者是大饭馆里面工作的厨师，没有了工作，结果我们就找过来，像胖张啊、瘦张啊，做鲁菜，味道特好。我们局请外国专家吃饭都由食堂做，不到外边去吃。胖张会做的名菜又很多，整桌的都可以做出来。我还记得其中很有名的一个菜叫拔丝香蕉，别人做拔丝山药，他做拔丝香蕉。而且瘦张做的鲁菜，大家都非常爱吃。还有赵文，做北京的面食是非常有名的，像葱花油饼、面茶。总之，生活多少有点洋气。

另外，编译局还集体发稿费，虽然工资是一样的，但是我们有稿费。搞翻译的人容易翻外稿，把业余时间都用在翻外稿挣稿费上，但是为了保证我们的学习时间，当时编译局不许我们翻外稿，晚上必须学习，提高水平。怎么办呢？全局的稿费集中统一发，分两级，骨干是一级，一般翻译算是第二级，每两个月发一次稿费。像我当时的工资一个月是 56 块钱，两个月发一次稿费，一次是 60 块钱，相当于一个月多了 30 块，所以编译局年轻人的生活水平，比起其他的兄弟单位显得富裕一点。我们来几个月以后，都穿上呢子制服了。中直机关组织的舞会上，编译局的人跟外单位比起来，尤其是跳舞的女同胞，把旗袍一穿，花衣服一穿，显得洋气多了。到国庆节游行的时候，人家一眼看上去，就能猜出我们编译局的队伍，主要有两个特点，一个是戴眼镜的特别多，还有一个特点，就是衣服穿得花，穿得好看。因为是集体翻译，所以稿费集体所有，统一发放。当时为鼓励大家学俄文，不懂俄文的人，只要学俄文，照样发稿费。像打字室的一些同志，没有学过俄文，晚上上夜校跟着学，也跟普通翻译一样拿稿费。

时髦的年轻人（一）

时髦的年轻人（二）

下面我简单讲讲《斯大林全集》的翻译工序，直到现在我们大体上也是延续这样的工序。首先一个人翻译出来，然后互校，互校完了形成小组定稿，小组定稿后交室定稿，室定稿完了以后，在第一翻译室算完成了，然后把稿子交到编审室，由编审室进一步加工，重新校一遍，重要的文章由陈山校一遍。最重要的《斯大林全集》前两卷，为什么译文那么好，关键是陈昌浩。我们来的时候就有人告诉我们，陈昌浩副局长当时非常用功，用功到什么程度，晚饭都不吃，就看那稿子，一句句地看，一句句地改，他的文字也很好的，因为他编过《俄华辞典》嘛。稿子交到编审室以后，还要统一译名，译名统一后，各方面资料弄清楚加注释，最重要的一道工序是有专人加工文字，标点符号都要标准的。我记得当时有一个姓高的大学语文教授，在中文文字上进行加工。这还不算，定稿付排的时候，必须由局长签名，人民出版社才接收。局长签字的制度延续了很多年，后来改室主任签字就可以了，但当时必须由师哲局长签字。当时《毛泽东选集》翻成俄文的时候就是这样的。所以《斯大林全集》《列宁全集》，当时就按这个标准，因为是经典著作，所以文字加工非常讲究。最后送到出版社以前，还要经过社会上一些文化界的名人加工，《斯大林全集》第一卷，就经过叶圣陶、吕叔湘等人的修改，编译局现在保存的原稿，还有叶圣陶改的一些字，很规范的。最后是局长来审稿，几个局长审稿的时候，风格不一样。师哲审稿很有意思，他找一个年轻人念俄文原文，他手里拿着中文定稿，旁边念着念着，他突然看到哪一句有疑问，停！然后思考修改。没问题……再往下头走，就这样，所以他最后审稿比较快。陈昌浩副局长，字斟句酌，反复推敲，他的文字也很讲究，他很认真，钻起来饭都不吃，这是《斯大林全集》付排时的情况，所以我们《斯大林全集》的质量，特别是头两卷，质量是非常好的。如果翻译当中遇到什么难题了，或者理解上的问题，由局长会议来决定，三位局长再加上室主任，几个人讨论最后怎么定。《斯大林全集》为我们树立了经典著作翻译的标准。

最初我来的时候，编译局刚成立不久，当时还有大连《实话报》的两个苏联专家：格朗秋和安东诺夫。到了1953年12月，这两个苏联专家换了，我们请来了苏联研究院的专家，一个叫斯米尔诺夫，他是苏联马列研究院的秘书长，他专门来负责把我们编译局改造成他们研究院那样的机构，然后又来了列宁室和斯大林室的专家潘克拉托娃和谢皮廖娃。还有康捷尔，他是研究哲学的。来了以后，由斯米尔诺夫设计，把我们局的科室机构改成了马恩室、列宁室、斯大林室、编审室、《学习译丛》室。这样就为三大全集设立了三个室：马恩室、列宁室、斯大林室。马恩室当时有两个副主任，一个是林莉，一个是谢宁，主任暂时空缺，后来由舒林担任。列宁室主任是何匡，副主任是张慕良。斯大林室主任是易惠群，副主任是宋书声，这样从1953年12月开始，我们局就基本奠定了现在这个模式，形成了正规翻译三大全集的架构。在师哲心目当中，他想把编译局变成苏联研究院那样的机构，虽然名字上是中央批的中央编译局，但是在他的心目当中，他想完全按照苏联模式，把编译局慢慢办成研究院，不但要翻译，而且要研究，不但要研究，而且要收集保存马列著作的基本资料，手稿尽量齐全。当时没有条件，但是可以从苏联研究院弄点复印件。为了这个想法，他甚至给中央建议过，把编译局发展成研究院。据我所知，八大以前，大概是1957年前的时候，他给中央打过一个报告，建议中央在天安门两旁，一边建一个马列主义博物馆，另一边建一个中国革命博物馆。在马列主义博物馆存放马恩经典著作在全世界和中国传播情况的资料，然后把编译局建成一个大研究院。但当时中央有这样一个方针，就是文艺界要百花齐放，理论需要百家争鸣，不能一家说了算，你要搞成研究院了，就成了马列著作的解释权威了，就你们一家说了算，别人说了不算。所以陆定一就不同意。听说师哲为此跟陆定一吵过架，结果他这个构想当然最后也没实现。

当时编译局的构成就这样，翻译的工序基本上按《斯大林全集》翻译的工序，所以《斯大林全集》是集体翻译的高质量的经典著作，译文是完全中国化的，看不到外文痕迹。我今天带来其中两段话念一念。我们当时学《斯大林全集》的时候，印象很深。因为印象深刻，我又把《斯大林全集》第一卷、第二卷找来，把印象深的这两段又看了看，这是《斯大林全集》第一卷第71页里面的一段话，《各民族友爱万岁》，是斯大林写的一个传单，内容铿锵有力，具有极强的鼓动性。看我们译得怎么样：

分而治之——这就是沙皇政府的政策，沙皇政府在我国各个城市就是这样干的，在高加索也是这样干的，下贱的东西！他力求用公民的鲜血和尸体去巩固它那可恶的宝座，巴库城市濒于死亡的阿美尼亚人和鞑靼人的呻吟，妻子母亲和孩儿的眼泪，诚实而尚未觉悟的公民的无辜鲜血，手无寸铁死里逃生的人们的惊慌神色，被毁坏的家园，被劫掠一空的商店和不绝于耳的枪声——这就是屠杀城市公民的刽子手，沙皇用于巩固它那宝座的东西。

这句子，哪像是翻译的，这简直就像是中国人写的嘛，多有力量啊，对比句你看，鞑靼人的呻吟、眼泪、无辜鲜血、惊慌神色等等，传达出了传单的精髓，简直是神来之笔！

我再念一段，《斯大林全集》第一卷第167—193页，《公民们》，这也是斯大林写的，斯大林文笔很好，但我们翻得确实也是好。

罪恶滔天的沙皇专制制度，把我国引到了毁灭的边缘和亿万的俄国农民的贫穷破产，工人阶级受尽压迫，贫困不堪，国债累累，捐税重重，全体居民毫无利益可言，毫无权利可言，层出不穷的专横暴掠，笼罩着生活的各个方面，公民的生命财产完全没有保障——这就是目前在俄国呈现出的一幅可怕的图画，长此下去是不行的！必须消灭造成这种惊人惨象的专制制度，它一定要被消灭。

这些译文多么有力量。“国债累累，捐税重重”，翻译成这样的句子，几乎像音乐一样。还有“毫无利益可言”“毫无权利可言”这样的句子，在一般的译文中，译成“一点没有权利”就可以了，但现在译成“毫无权利可言”，译文何等有气势！这里我只是举个例子而已，还有很多。我为什么老是推崇《斯大林全集》前两卷或前几卷呢，因为它确实是在翻译界属于鹤立鸡群的译文。

还有《五一万岁》。我们在俄专学习的时候，当时编译局的王澍是我们的助教，教我们翻译课。他就用《斯大林全集》第一卷的译文当范文来教我们，其中有一篇就是《五一万岁》，也是斯大林写的。一大段话中有一个“大肚子”让我们处理起来实在是没办法。但是一看《斯大林全集》处理得很好，译成中文是这样的：

早在19世纪，全世界的工人就决定，每年纪念今天这个日子——5月1日，这是1889年的事情，那时在世界社会主义者巴黎代表大会上，工人决定在今天，在5月1日这一天，当大自然从睡眠中苏醒过来，森林和群山披上翠绿，田野和草地开遍鲜花，太阳开始更温暖的照耀，空气中感觉到新生的喜悦，大自然陶醉于舞蹈狂欢中的时候——这一天，他们决定，在今天大声的公开向全世界宣布，工人给人类带来的是春天。

什么是5月1日，5月1日后面这一段形容词句子，当时我们就觉得，这怎么译啊！当5月1日这一天，大地苏醒了，下面直接宣布不就可以了嘛，但是原文还有田园、草地、鲜花，还有太阳照耀，还有喜悦、大自然、陶醉、舞蹈这么大一堆都是，怎么处理？后面画一个破折号，难题就解决了。当时我们学了这些以后，就觉得《斯大林全集》翻得真好，所以当我来到编译局后，一想到在这么大的翻译权威机构工作，自己就感到诚惶诚恐，水平差远了，简直就是差十万八千里。这是我到编译局后的第一个印象。

总之，编译局经过大家集体努力翻译出来的最初几本《斯大林全集》，其译文水平之高，在全国受到了普遍的称赞。理论翻译界从来还没有见过如此高水平的译著，可以说开创了理论翻译界的一代新风，同时也为经典著作“三大全集”翻译树立了新的典范。

三、学习、学习、再学习

我们一到中央编译局，局里面就反复教导我们，这里的工作原则，就是翻译和研究相结合，要想翻好，必须研究。当时翻译界有一个很不好的风气，就是无论什么东西拿来就翻，吃透吃不透原文不管，拿来就翻，翻得快就行，挣稿费。但是在编译局不行，必须翻译和研究相结合，初始阶段就是要做到，这个词怎么译你要把它弄清楚，你就得去了解背景，资料得查清楚，弄清楚你才能翻，翻完了之后你还要总结提高。再提高一步说，就是指你翻什么东西，就要成为这方面的专家。另外，编译局提出的还有一个口号，就是“要当翻译家，不要当翻译匠”，这个口号很厉害，因为当时社会上有很多翻译匠，什么是翻译匠，没弄懂就翻，现在也有这个现象，就想抢得快，翻译出来的东西他自己都不懂，翻译自己都不懂的东西读者能读懂吗？编译局是不允许这样的。大家都水平不高，经典著作无论理论上、文字上都是这么高的水平，怎么办呢？集体翻译，就是大家集体讨论，多研究。后来王惠德局长总结得很好，编译局的工作就是吃时间饭，吃材料饭，就说一个人啊，要有像百科全书一样的知识，你翻什么就要成为那个领域、那个专业的专家，你才能翻好，翻完以后，你就变成那个方面那一行业的专家，要达到这样的境界。这是非常正确的科学的方针。

我们来局以后就下定决心搞理论翻译，不再彷徨了，到了这么一个机关，没有任何其他想法，不要考虑何时分配工作啊，分配工作合不合适啊，或者其他什么想法，来了就一头扎进去学习。水平太差了，必须好好地学习，学老同志的经验，学人家的成果。所以我们一上班，易惠群就给我们一些稿子，让我们去学习。拿来一看，太好了，每天都有新的收获。不仅如此，编译局整个学习气氛极浓，从领导到各室，到每一个同志，都是一心学习，机关给安排的学习机会很多很多。规定早晨8点到9点一个小时学《毛泽东选集》，有人起得早，8点以前还要自学外文，树底下或角落里找个地方背外文。上班时间，我们没事就学习翻译。老同志告诉我们，要当个好翻译，就应当是外文水平很好，专业知识很好，中文也要很好，都要学。我心想，中文哪有时间学啊，怎么学啊，除了标点符号学一学，我又想一办法，每天中午不是要睡午觉吗，我就从图书馆借来鲁迅的短篇杂文集，郭沫若的回忆录《洪波曲》来读。每天中午花十几分钟读两三页，读完了就放下，还不耽误睡午觉，结果一两年下来，我把鲁迅全集散文部分基本上看了一遍，然后是郭沫若的很多散文和他的诗集。下午一上班又是学翻译技巧，到了晚上，局里规定每天有晚自习，有事不来要请假登记，没正式理由不能不来，每一个礼拜只有礼拜六晚上可以自由活动，礼拜天晚上还是自习，谁也不能缺席，缺席要挨批评。晚上学什么呢？就是白天翻

60 年代的编译局图书馆

此外，中直机关当时在丰盛胡同有个中直俱乐部，晚上开设了夜校。头一年我去参加，学了一门形式逻辑课，那次学习使我收获很大。为什么？很多逻辑术语都是我在学习后才弄清楚的，这对后来翻译经典著作很有用。什么大前提、小前提、结论，什么周延不周延，什么同义反复、循环论证，这些名词都是形式逻辑课学的。当时不懂这个，结果一看那马恩全集，有些就是这些逻辑术语，学了形式逻辑就明白了。学完逻辑学，又学了一年政治经济学，对我有非常大的提高。党校教员系统讲授的《政治经济学》效果非常好。《政治经济学》就是《资本论》的简化嘛，我在俄专时《政治经济学》学过半年，第一次接触，时间不够没学好。这一次到了中直夜校，正规地系统地学《政治经济学》，老师都是党校的教员，像王珏这些人，他们讲课很有经验，讲的慢，方便做笔记，我那时候年轻，几乎可以把老师当场讲的内容80%都记下来，回去我再一整理，基本上就像一个讲义一样，非常好。我后来给编译局行政人员在夜校讲授政治经济学，就是用我那时做的笔记当教材。我个人特别喜欢逻辑分析的东西，所以这次夜校的学习对我有很大的提高，我的《政治经济学》知识基本就是在中直夜校学的。

除了夜校，另外局里头通过各种办法鼓励大家练笔写文章，为了翻译和研究相结合，培养研究人才。局里面办了个《学报》，林扬同志当总编，还有丁守和。编辑部到处组织大家写文章。但是翻译室大家都很忙，有翻译任务，而我们业务秘书组比较机动灵活，经常有空档。丁守和就找我来了，给写篇文章。写什么文章？当时我国准备实行计划经济，正开始实行粮食统购统销。我说我哪写过这个啊，不知道怎么写。他说，不知道，你不会去查材料吗？学习学习，你先把苏联五年计划前期怎么解决粮食问题的材料好好找一找，然后中国的报纸上关于统购统销的材料、论证，还有陈云同志的报告都好好研究研究，研究完以后你再看看能写不能写。我这人还真爱钻研，结果我就答应下来了，我说好吧，我试一试，我就下决心做这件事了。结果经过三个月，我把收集的材料都记下来。先研究苏联五年计划以前，工业和农业存在矛盾的问题，就是在工业有计划但是农业没计划的时候，如果完全由市场配置，工业和农业这两者的矛盾解决不了，粮食不过关必然拖工业的后腿。粮食产量到多少才能过关呢？我查材料的结果，在苏联人均大概是2000斤粮食，我到现在还记得清楚，西方人每年人均粮食2000斤，就算粮食过关。东方像我们中国用不着这么多，为什么呢？西方是吃肉的民族，他们用粮食喂牲口，然后吃肉，而东方民族不完全这样，所以我们每年人均差不多1200斤就够了。我就这样写，先写工农业之间的关系，农业如果上不来，工业就没有基础，在我们国家，粮食人均多少才能过关，我就介绍外国粮食过关数量，苏联是2000斤，我们国家根据理论界的一般认识，1200斤就可以了。实行粮食统购统销就是为了配合工业的计划生产，不让粮食拖全国经济的后腿。这样，最后花了三个月写出这么一篇8000字的文章，后来登在《学报》第

2号上。现在想想，我那时是毛头小伙子，这么长一篇文章，自己也没想到能写出来。

写出这篇文章以后，丁守和对我就有印象了，因为他是搞研究的，编译局从上到下，对喜欢学习的人特别重视，特别鼓励。丁守和本人，还有邓光荣，他们两个人在"革大"原来都是初中毕业生，从华大（或"革大"）毕业后调到编译局来担任中层领导，在编译局经过多年的刻苦学习，最后都成才了，丁守和后来是社科院近代史所的研究员，邓光荣后来成为北京市委党校的教员，都是从我们局出来的，所以编译局对这些喜欢理论的、喜欢钻研的、进步快的人特别重视，尽量给创造条件。

我在夜校学《政治经济学》时，全国正处于学政治经济学的热潮。那时斯大林主持编的《政治经济学教科书》第一版在我国翻译出版了，也是我们局翻的。我来局一年以后，1955年9月苏联又出了《政治经济学教科书》第二版，第二版把第一版当中的很多理论做了修改。那么厚一本俄文版的书，谁能知道怎么修改的？丁守和想起来找我写一篇介绍教科书第二版究竟有哪些理论修改的文章。我接到任务后，大体上从俄文一段一段地查对，发现一段新添加的内容就把它划下来，然后译成中文，当然一般文字修改的地方就不用管了，主要看重要的理论修改。这项工作花了一个多月时间，然后我再把修改的情况归纳一下，归纳成几类。发现《政治经济学》教科书第二版中，资本主义基本经济规律、封建主义基本经济规律，还有奴隶社会基本经济规律，这都是新添加的，第一版都没有的。还有对中国的孔子和《论语》也加了一段评价（第一版是没有的），说孔子的思想在某种程度上也反映了平民的要求，如此等等。我把第二版修改综合起来，写了篇介绍文章，说明《政治经济学教科书》（第二版）做了哪些重要修改，归纳了几大类。文章大约 4500 字左右，这篇文章登在《学报》1956 年 3 月第 3 号上，署名是研究室整理。

也许是因为这篇文章，领导可能觉得我对《政治经济学》还懂得一点，所以后来苏联专家图尔琴斯来讲《资本论》的时候，局里成立了一个翻译组，就把我也列入翻译组成员之一，跟着图尔琴斯口译《资本论》。后来 1956 年经济室成立的时候，我就去参加翻译《资本论》了。编译局对工作的安排，整个的气氛，对青年人来讲，你只要学习、学习、再学习，不断提高，翻译什么专业就慢慢变成那个专业的专家，给你提供很方便的条件。你在这个环境下只要好好努力，一定会有成果的。编译局的领导都很爱才。过一段时期，谁翻译提高的快，谁理论提高得快，谁学习好，谁翻译得质量好，一定表扬，不只在室里表扬，还在全局表扬。我记得我们来局后的第二年还是第三年，列宁室的室主任何匡，在总结的时候向全局提出来，要树几个青年标兵，我记得其中就有荣敬本同志。总之，当时编译局的整个气氛，对于青年人的成长很有利，只要你努力，绝大多数同志进步是很快的。

四、编译局的大观园

我现在说说编译局的外部环境。随着编译局新办公楼落成（今天的3号楼），大家都逐步集中到西斜街19号来办公。我们知道，北京的街道和胡同一般是方方正正的田字格形式分布，类似“窗棂”。而编译局却在“西斜街”。而北京市内所谓的“斜街”，在古时往往是沿水系和沟渠逐步形成的。如果翻看一下明代的北京城区地图，那就很清楚，今天政协礼堂附近的太平桥大街那时叫“大明沟”，是一条水沟。至今“老北京”还有人称那条路为“沟沿”。再从编译局四周的地名可知，西斜街这一带在古时可以说“水网密布”。如从大明沟到西斜街这一段路，中间有“前泥洼”“后泥洼”。西斜街经过西单北大街往东，还有“东斜街”，直达中南海附近。而在西单北大街上，东斜街和西斜街交界处有个地名叫“甘石桥”，长期以来那里设有一所“甘石桥邮局”。前几年修马路时，还在邮局门前地下挖出了一座石桥。这显然表明当年的溪水是从甘石桥下流到东斜街的。西斜街往南一点，地名叫“二龙路”，在古时那里叫“二龙坑”，地势低洼，直到今天下大雨时那里都会存水。编译局建图书馆时，往地下打了几十根桩，那里地基很松软。工程人员说，那里原来是一个大水坑，地下有很厚的一层炉灰层，可见大水坑是炉灰填满的。由上述种种情况可以推断，编译局四周在古代应该是溪流和湖泊，或者说是“湿地”之类的环境。我还记得“文革”期间，大概因为编译局在这条胡同里，红卫兵把这条街命名为“真理路”。可是我们平时却开玩笑似地把西斜街叫做“考司机路”（即谐音为“考茨基路”）。因为在50年代，编译局只有一辆敞篷大卡车（当时没有面包车），大家外出时都坐在这辆大卡车上。当大卡车回局进了弯曲而狭窄的西斜街时，就确实到了考验司机技术水平的关头了。

编译局当时临西斜街的一面，编译局的南墙，是一堵大高墙。外人根本不知道大高墙里面是一个花园。大高墙临街的西南角方向是19号的大门，地点大致相当于今天的洁茹幼儿园的南墙。西斜街19号大门正对着一条短胡同“古直胡同”，穿过古直胡同就进入十八半截胡同（今天的什坊小街），十八半截胡同以西地区，分布着编译局许多家属宿舍。而编译局现在向南的大门，则是相当于原来的西斜街20号。19号和20号从建筑结构来看本是一个单元。20号原来是一座中学，中学搬走后，原来的校舍划归编译局。编译局最先盖的3号楼本来在这个中学后面。中学搬走后，我们才盖了2号楼（改革开放后又盖了1号楼）。在50年代的时候，编译局四周住着不少名人。古直胡同口有一座大宅院，门口有两棵龙爪槐，院内住的是著名花鸟画家王雪涛一家。西斜街20号的近邻，是著名评剧作家和民间文学家王亚平（写有评剧《张羽煮海》），还有，离编译局南边不远处住的是著名画家蒋兆和一家。这说明西斜街这一带是

中央编译局早期的庭院

人文荟萃之地。

西斜街19号院内的花园[①]，面积虽不算大，但布局相当精致。据说它曾被收入英国百科全书，作为京城内和皇家园林并列的私家园林的代表。百科全书中是否真有记载我也没有亲自查找过。但是有一年在故宫端门举行过一次“北京建筑博物馆筹备处”的展览，在那里我确实亲眼看到编译局花园中水池和假山的一张大照片（约有一米多长），挂在非常显眼的地方，下面的说明词是“西城区西斜街19号桂春园”。1953年，编译局刚成立时，花园在一定程度上已经荒废。但编译局自己花费了一大笔稿费重新把它恢复起来，成为编译局一个让人迷恋的地方。

从西斜街19号一进门，院内走不了几步就是一条南北向的葡萄架长廊，长廊一直通到庭院最北边的图书馆。长廊北端有一座大的四方亭，供人休息。长廊的葡萄品种每株都不相同，有玫瑰香，也有牛奶葡萄。我们秋天的时候常随手摘着吃。长廊西侧是假山，假山上有一株近百年的大槐树。槐树的绿荫下，放置着石桌石凳，供人休息。假山往西，是一座水池，呈不规则的四方形，南窄北宽。水池四周环绕着回廊，外边是绿树。水池东西两侧又有假山，

① 关于这座花园，有不少传说。有人说是清朝负责颐和园建造工程的官员从建造颐和园的材料中节省下来一些材料，为自己家建的花园。但后来经过郑异凡同志查找文献才弄清楚：桂春园又名常园，建成于1905年，是清朝末年伺候皇帝的一位太监出资为自己建造的一座带有江南园林风格的私家庭院园林。

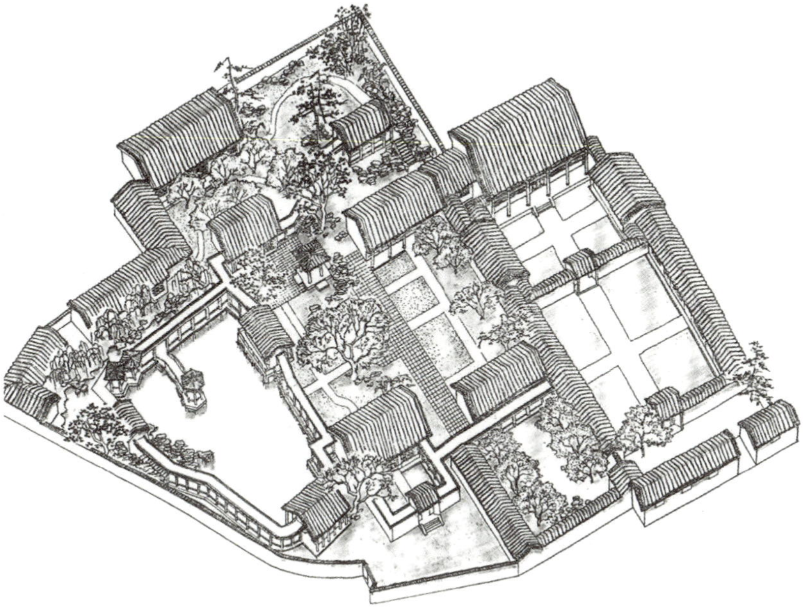

50 年代桂春园建筑设计图

假山顶上各建有一个敞轩，遥遥相对。50年代编译局有的同志结婚，就用这假山上的敞轩作为临时新房。水池中央从水中建起一座假山，上面用巧石堆成十二生肖。

水中假山中央建有一亭子，人称“湖心亭”。湖心亭前立着一只人造仙鹤。鹤的一条腿是自来水管，自来水管开关设在假山的一块石头后面。只要一打开水龙头，鹤嘴里就往天空喷水，水柱一直喷到这湖中，这是一处很美的景观。湖心亭假山北边有一座小桥直通湖北岸。小桥桥洞下可以行船。最妙的是，北岸走廊有一个地方建了一座“姊妹亭”，两座菱形小亭交叉在一起，其倒影反映在水中。水池南岸又有一座较大的临湖轩，从南岸可以用相机照到水面和这个姊妹亭及其倒影，是编译局许多摄影爱好者取景的绝佳之处。这座花园在1976年唐山大地震前被拆掉，园林部门把花园中的姊妹亭移建在了日坛公园，但只是建在绿地上，旁边没有水池和倒影，使她失去了原有的“神韵”。当年，“桂春园”三个大字就镌刻在水池西边的一块假山石上，至于水池中假山上的十二生肖巧石，因个人观赏的角度不同，所以各有说法。人们在岸边议论起来往往引起争论。一些巧石似像非像，妙不可言。但假山最高处是一个龙头，确是大家都公认的。既然叫“桂春园”，应当是夏秋之际庭院最美。夏秋之际，庭院中蝉鸣不已，上班时间全园一片寂静，确是读书的好地方。各室有的学习小组会或有的小组定稿会，就移到花园里来开。每到傍晚，湖心亭微风习习，又是大家乘凉的好去处。而到冬天，园中假山和亭台楼阁银装素裹，成了摄影爱好者的猎景地。

编译局不少值得回忆的活动，都发生在这个花园里。我记得，大概是1956年，我们在这个花园里举行过一次中秋赏月晚会。湖心亭里坐的是我局的管弦乐队，弹奏广东音乐《金蛇狂舞》《步步高》等，水中一艘小船放荷灯。各处假山和亭子中的石桌上堆放着月饼和水果，大家随便享用。局长们陪同苏联专家在园中游览参观，与大家同乐，全局真像是一个快乐的大家庭。因此，有人把它比作红楼梦中的“大观园”。后来，这个水池被改做游泳池，每到夏天，水池成了“水上乐园”，中午和晚饭后成了全局孩子们

从湖心亭遥望姊妹亭

的游泳之地。钱文干同志是义务的游泳教练，那时几乎全局的子女都学会了游泳，其中有几位后来还成了北京市的游泳运动员。游泳池不大，周游一圈大概有70米左右。我们每天下午工间操时间或中午和晚饭后，都来游10来圈左右。在水面上游泳时再回头遥看假山上十二生肖巧石，又有另一番景象。有一次，我正埋头在水里游蛙泳，忽然抬头，就看见在水边上有一块巧石，活像一只“猴子”，仿佛在和我打招呼，真是活灵活现。

编译局的葡萄架长廊也是50年代经常开全局大会的地方。会场是长条形的，主席台设在中间。我局那时的一些运动，都是在这个特殊的“会场”中进行的。几位局长的讲话风格各有特色，让人印象深刻。师哲局长带有浓重的陕西口音，话语一般不长，但充满很强的政治性。陈昌浩局长讲话长篇大论，激昂慷慨，很有鼓动性，使人仍能想起他当年担任红四军政委的风采。张仲实局长，声音有点沙哑，当他要强调某件事情的时候，往往高举起右手，食指指向天空，同时提高声调，有时讲着讲着生起气来，还会夹杂着一句西北骂人的土话。姜椿芳局长不怎么在全局会上讲话。他充满文人气质，戴着高度近视眼镜，无论面对多么重要的事情也都表现得心平气和，讲起话来慢条斯理，娓娓道来。我们从内心里最喜欢他这种平易近人的作风。

1955年的时候，编译局用苇席把整个走廊包了起来，在里面举行了一个“纪念列宁诞辰85周年展览会”。展览会介绍了列宁的生平事迹以及他的著作在我国的传播情况，引起了社会上的关注。我记得当时苏联马列研究院给我们送来了不少展品，还有马克思和列宁等革命导师的石膏像。编译局通过姜椿芳副局长邀请著名画家蒋兆和为展览会画了多幅国画。其中有四幅马恩列斯的头像，还有一幅列宁读《真理报》的国画，这幅国画非常生动。列宁一面拿着《真理报》，一面陷入沉思，眼睛画得极其传神。后来有好多年这幅画一直挂在编译局的会议室里，所以大家印象深刻。展览会取得了很大成功，朱德等中央领导同志都亲自来参观过，并写了留言，对编译局的工作作出指示。

总之，桂春园记载着编译局一段光辉历史，给大家留下了美好记忆。但后来由于没有经费养护，编译局又要盖家属宿舍，在1976年唐山地震前不得不拆除，全局上下都觉得无比可惜。还好，当时东单公园答应接收我们的假山石，说是将来再把十二生肖复建起来。在最初拆迁时，他们确实很仔细，每块大石头都编了号。但是地震一来，一切全乱套了。拆下来的建筑材料被大家拿去搭地震棚，散失了不少，几乎无法恢复原样了。拆掉花园并在原地建起了宿舍以后，游泳池也消失了，大家很惋惜。当时王惠德同志担任常务副局长，他曾答应在庭院别处再建一个游泳池。但几年之后，什么都没有了。

花园没有了，游泳池也没有建。过了几年，等到东单公园的假山建成以后，我专门去看了一次，那里新建的假山连十二生肖的影子都没有。真可惜那一块一块的巧石，可以说都是经过精挑细捡的大自然的晶华，现在却被无情

列宁生平事业展组图（一）

列宁生平事业展组图（二）

列宁生平事业展组图（三）

马克思画像（国画，作者 蒋兆和）

恩格斯画像（国画，作者 蒋兆和）

列宁画像（国画，作者 蒋兆和）

列宁在办公室（国画，作者 蒋兆和）

地埋葬在大石堆中了。唯一令人欣慰的是，在1954年的时候，曾有一群建筑学院的学生在我们这座花园里实习了两个多月，他们把每一处景点都按比例尺寸画成了建筑图保存了起来，有的地方可能也拍了照片，但愿这些宝贵资料今天仍存留在世上。编译局的一些摄影爱好者也留下了少量零星照片，每每让后来者们惋惜不已。

五、多姿多彩的文体活动

编译局成立时，全局几乎都是青年人，整个编译局活像一个大学校，体育活动和文娱活动多姿多彩，活跃异常。从周一到周六这些上班时间，每天上下午各有20分钟的工间操时间。每到这时，庭院里到处都是进行体育锻炼的人，有练单双杠的，有打篮球的，有打羽毛球的，还有一个技巧运动队，包括垫上运动和跳箱表演。有不少人甚至中午不睡午觉，打羽毛球和乒乓球。由于编译局有游泳池，编译局青年人几乎都会游泳。编译局的游泳队在中直机关小有名气，我们曾有几十人横渡昆明湖。编译局的乒乓球队水平不低，经常在中直机关的比赛中得奖。在打乒乓球方面，编译局确实有几位“选手”级的人物。在我的印象中，鲍世明同志可以说是一个代表人物。有一年，为了宣传乒乓球运动，我们请到北京市什刹海体育学校的乒乓球队来局表演，其中就有庄则栋和他的教练傅其芳。我记得除庄则栋是进攻型选手外，还有一个削球的选手，一攻一守，表演起来特别好看，特别吸引人。编译局的乒乓球队员还和庄则栋等小将对过阵。我记得，表演完了以后，傅其芳为我们大家讲解了世界乒乓球项目的新潮流和新技术，即近台快攻技术。他一边讲一边让庄则栋等小将作示范表演。后来我国的乒乓球队果然依靠这套新技术连年夺得世

羽毛球队

界冠军。

院子里最有意思的一项体育运动，是编译局独特的小足球运动。每到工间操时间，大家一拥而上，不限人数，也不需要分边。只要上场，自己随便自认归属某一边，便往对方大门里踢球。有时踢得性起，人人满头大汗。我们踢的小足球比正常的足球小，比网球大不了多少。踢球的队伍当中，确实有几位健将。王治平就是一位佼佼者，他在哪边哪边几乎就能赢球。还有几位有名的“猛将”，如朱中龙穿的是带皮头的大皮靴，鞋底下钉着铁掌，有时踢在水泥地上直冒火花，踢球的人都不敢直接和他对抗。大家踢得高兴，往往忘了时间。常常是工间操时间已过八九分钟，大家才一哄而散，哈哈大笑，各自回到自己的办公室。这项运动给大家带来极大的乐趣。

编译局特别注意利用一切条件，为大家提供运动和娱乐条件。在当时新建的三号楼中，每一层都有一个乒乓球活动室，一层还专门购置了一架钢琴。当年编译局还在中宽街买到了一块空地，是准备盖家属宿舍用的。在未盖房子之前，在那里开辟了一个篮球场。每到冬天，我们就用人工泼水的办法在那里建成一个“溜冰场”，编译局很多同志都在那里学会了溜冰。我也买了一双冰鞋在那里学会了溜冰。后来中直机关举行运动会，编译局派了一个溜冰队去参赛。花样溜冰需要较深的基本功。在我的印象里，编译局花样溜冰技术最好的当属高宁哲同志。她像许多北京女孩子一样，从小就住在什刹海边上，所以学得一手溜冰的好技艺。她经常在溜冰场上表演，给人留下较深的印象。

编译局从1953年起直到1958年以前，中间有好几年夏天都组织全局同志分期分批去北戴河，在中直疗养院疗养。我记得自己来局后第一次去海滨可能是在1954年夏天，那次人数最多，共有几十人，由何匡同志带队。何匡同志是编译局元老之一。他是四川人，非常健谈，又热爱青年，大家很喜欢他，无论在海边或者在疗养院的长廊上，大家天天在他身边山南海北无所不谈。大家洗海水浴、晒太阳，每一期休假结束后回到局里，人人皮肤都晒黑了，精神振奋。

50年代，编译局团组织和体育组还组织大家到郊野露营。我记得第一次露营地点选在十三陵的泰陵附近一片柿子树林里。我们事先通过中直团委向解放军借了一批军用帐篷。在星期六之前，先用卡车把帐篷等工具运到泰陵的营地，到星期六下午，大家再把自己的行李打成背包，乘车在十三陵边下车，再行军十几里赶到营区。然后支起帐篷，打扫营区。一切行动都按照解放军的规矩进行，为的是让大家体会军事训练生活。夜里刚睡下不久，就吹哨紧急集合，做军事游戏“抓特务”。折腾半夜再睡下，已经精疲力竭。不一会儿，清晨阳光初照，鸟鸣虫唱，空气极其清新，新的一个星期天就开始了。大家按照行动日程，射击打靶、做饭、行军、摄影留念、自由活动。星期天下午回局。这样折腾一天一夜，虽然身体有点累，可是人人觉得野营生活非常充实有趣。大家都留下了许多照片和美好的回忆。

大概是从1956年开始，我们按照团中央和国家体委的规定，全局青年都参加了“劳卫制”体育锻炼。劳卫制是我国从苏联引进的“劳动卫国体育锻炼”制度，它是一种有组织有计划的系统的体育锻炼制度，基本项目包括单双杠、跳绳、跳远、跳高、短跑、长跑、掷手榴弹等。这个制度规定，凡参加者，各项目都应达到什么样的标准，才能算是及格。及格后发给证书，然后再往上努力，可以达到三级运动员、二级运动员等级别。锻炼的成绩每年测评一次。我们开始时都先争取达到劳卫制及格水平。局内单双杠都有，跳绳也很方便。跳绳的标准中有一项是“双跳”，局内的老同志几乎都会双跳。长跑三千米局内没有条件，我们就借别人的运动场。我记得我们在冬天时曾到玉渊潭公园去练长跑。我1958年下放回局以后，一直按照劳卫制的标准从事锻炼。到年终测评时，其他各项都“及格”了，只有一项短跑一百米达不到标准。“劳卫制”要求百米速度要达到16秒，我第一次没有达标。后来补测了多次才勉强过关。但编译局有不少同志达到了“优秀”标准。少数同志还达到了“三级运动员”的标准。编译局好几个同志参加了北京市“冬泳协会”的活动。北京市的冬泳活动地点主要集中在玉渊潭，编译局冬泳活动以杜章智同志为首，积极参加者还有李俊聪、钱文干等同志。冬泳主要在星期六和星期天活动，就是在玉渊潭水面上砸开一片冰，在零度左右的冰水中游泳。因为离空军医院很近，所以空军战斗英雄王海是冬泳的积极分子。局内有的同志没有机会参加，就在局内每天赤膊跑步。这样又带动了一批人练习赤膊跑步。这群人不管冬天和夏天、风天和雨天，每天工间操时间都脱掉上衣在编译局六楼跑步，大家笑称为“赤膊协会”。我也参加了赤膊跑步锻炼。我记得有一年冬天，北风呼啸，天上还下着零星小雪。我们几个老“小伙子”，光着膀子在六楼跑步，正好《解放军报》的几个摄影记者来编译局采访，意外地发现了我们。他们感到这是编译局体育锻炼的一大“特色”，说在别处没有见过。他们照了许多照片。有人上午在楼上跑步，下午工间操时还在浴室里洗冷水浴。参加冷水浴的人不断增加，后来比赤膊跑步的人还多。冷水浴是一种很好的锻炼。特别在冬天，外行人乍一看觉得很冷，其实，冷水浴之后，浑身上下特别舒服。我洗冷水浴一直持续了十年左右，对我的身体是很好的锻炼。我们曾开玩笑地把“冬泳协会”“赤膊协会”和“冷水浴协会”这三项运动加起来，起了一个总的名称，叫“的确凉体育联合会”。这三项运动在编译局体育史上也占有一席之地。

编译局的文娱活动也非常活跃。我们演过街头活报剧，还演过京剧、话剧，甚至还能演自编自演的现代京剧。在文娱活动方面，编译局有一批积极分子值得一提。核对室（即校审室）的王诚可同志，中文系毕业，不但热爱京剧，而且还会编写剧本。周懋庸同志不但自己会演话剧，而且会当导演。这二位女将是编译局文艺舞台上的“灵魂”。编译局还有几位“演员”人才，如胡永钦和陈世豪同志，他们能把长篇大论的台词倒背如流，能胜任演大型话剧。有这么一些骨干，再加上每次演出时临时找来一大批“凑热闹”跑龙套的人，所以编译局也能演出颇为精彩的文娱节目。

50年代，每次外出游行宣传，编译局的游行队伍中往往加演“活报剧”。例如，在宣传抗美援越时，编译局的游行队伍中就有一个活报剧组。我们找一个大个子，扮成一个“大老美”，头上戴一顶星条旗的高帽子，脖子上套一条铁链，让人牵着游行。

在宣传爱国卫生运动“除四害”时，游行队伍前头就有人装扮成苍蝇、蚊子、老鼠和臭虫这“四大瘟神”形象，引得四周街道上的大叔大妈们都出来围观。“活报剧”游行队伍走在大街上遇到群众多的时候，就打开场子当场表演，配有锣鼓，非常热闹。陈瑞林同志扮演的“老鼠”，跳跃灵活，惟妙惟肖。他随着锣鼓从队伍里跑上街，然后锣鼓一停，他马上转身再跑回队伍里，这一套动作一下子就把观众吸引住了。接着出场的就是刘功勋扮演的“臭虫”。他是胖子，背着个大盖子，嘴巴四周抹着一圈红油彩，表示吸人血。他念几句对白，说明“四害”之危害。接着还有一个“苍蝇”，一个“蚊子”，各自出来表演和自报家门。然后“四害”一齐出现，接着一举被歼。这样的活报剧颇有宣传效果。

我们还演过京剧《三不愿意》《望江亭》等。《三不愿意》是京剧中的小品，唱腔不多，但要演得热闹、逗笑。演出之后，效果不错。很有趣的是，陈家英同志参加跑龙套，

京剧演出剧照

她扮演四名衙役之一，手持大木棒站在“县太爷”身边。只听“县太爷”一声令下，她竟真的把“犯人”的屁股狠狠地打了几下。这件事后来成为大家不断提起的“笑谈”。《望江亭》一剧中有大段唱腔，我们就邀请兄弟单位中直门诊部的杨大夫来反串。杨大夫是京剧业余爱好者，所谓“票友”，唱起京剧来有板有眼。编译局有几位会拉二胡和京胡的业余琴师为她伴奏。一出大戏演下来好像真有点专业水准了。

在话剧方面，起初是由殷叙彝、胡永钦、蔡恺民三个人合演了契诃夫的话剧《求婚》。每个演员也都有大段台词，但演得确实不错。这就大大鼓励了大家演话剧的积极性。

后来，我们竟然排演了大型多幕话剧《智取威虎山》。那时的《智取威虎山》剧本和后来的电影不同，剧情比电影还要复杂，剧中人物也比电影中多。剧组不得不招募许多“外行”来演戏，连我这个从来不演戏的人，也被动员来演个“角色”。最初导演组让我演“孙达德”，我觉得自己确实不会演，再三推辞，最后只得演个小土匪，“八大金刚之一”。我们在西四地质礼堂连演了两个晚上，免费招待街道上的居民来观看。八大金刚的扮演者还有殷叙彝、朱中龙等同志，高矮胖瘦各不相同，每人穿一身破棉袄，头戴破军帽，手持一把匕首，活灵活现的一群土匪。当杨子荣出现在坐山雕面前接受盘问时，八大金刚从四面围拢上来，亮出八把匕首，在昏暗的灯光下发出闪闪寒光。这时全场鸦雀无声，只听得“哇”的一声，传来小孩子被吓哭的声音。这说明我们演的话剧抓住了观众的心。

在歌唱节目方面，马恩室向来以男声小合唱闻名全局。马恩室确实有几位唱歌的“好嗓子”。其中冯如馥、周裕昶、张奇方等同志都是马恩室合唱团的“骨干”。有几年，几乎每次全局游艺会，都有马恩室的男生合唱节目出场。马恩室有时竟能排练出四部混声小合唱。可惜，如今这些“金嗓子”都已成为历史了。

在说相声方面，王锡君同志可以说是一位“天才”。他不但自己登台说相声，而且会编写相声段子。他原来和别的同志说相声，后来和我搭档说相声，他逗哏，我捧哏。

有人说我俩记性好、不忘词，说的相声很流畅。其实外行人不知道，说相声并不需要逐字死记原来的词，因为观众也并不知道原来的词是什么。主要的是，两个人要大体上记住全段相声的几个转折点就行。站在台上，只要不怯场，很多对白都可以即时发挥。特别是捧哏的人，要在关键的“转折点”上把握住，不使逗哏的说话扯得太远，必要时把话题拉回来就可以了。

王锡君和我合说过自己用学德文中的趣闻编的相声，反映的是我们马恩室集体学德文的事情。这段相声只能在马恩室说，在全局说就行不通，因为听众没有学过德文，有些德文句子听不懂。第二次我们又在全局的联欢会上说过一段《狗尾续貂》，脚本也是王锡君同志编写的。内容是讽刺理论界那些奇谈怪论。那时是在“文革”后的80年代，当时有些理论报刊发谬论，说什么有的理论著作大家不感兴趣，如果改一下理论著作的标题，大家就可能感兴趣，就可能愿意读。我们说的相声就是讽刺这些谬论。相声中说，大家不爱读《资本论》，那我们最好把书名改成《投资发财之反思》，也许有很多财迷就会读了。还有一次我们在全局春节联欢会上合说了一段《巧对对联》，在上下联中都用谐音的方式把局内的人名镶嵌在里边，局内同志听了也觉得很有趣。例如，我出一个上联：“全国上下大干四化为建华”（谐音人名是局长“韦建桦”），他对一个下联“军民携手战胜洪灾照常富”（当年正是长江闹洪水，谐音人名是“赵常富”）。我再出一个上联“孔雀公主照镜子顾锦屏”

（谐音人名是“顾锦屏”），他答一个下联“猪八戒贴膏药粘汝鬃”（谐音人是名“詹汝琮”）。由于人名都是局内的同志，所以大家听起来觉得乐趣无穷。

六、关于翻译标准的大讨论

翻译水平的提高主要靠在实际翻译工作中锻炼成长。我们刚来局的时候，还不能直接动笔从事经典著作的翻译，而是先译一些在《学习译丛》上发表的普通理论文章。记得我最初译出的文章，经校审员修改后，拿回来几乎满篇红字，修改的句子有时占一半还多。我拿回译稿来自己总结经验，发现除意思译错了的地方之外，主要是中译文句子摆脱不了外文的框架，每句话单独看来都对，但句子与句子的联系不连贯。主要原因是没有吃透全篇原文的整个含义，只是一句一句地翻译，校审员之所以把基本意思译对了的地方也要加以修改，主要是从全篇文章的内在逻辑联系来考虑的。外国的理论文章也像中国人写的理论文章一样，它的整体内在逻辑联系必须全面吃透，译成中文才像一篇理论文章。而要达到这样的境地，需要译者在实践中不断提高，不但外文水平要提高，翻译技巧要提高，理论水平也要提高。而且越往后，译者的理论水平也越重要。时间越长，我对这方面的体会越深。我来局以后，遇到过几次关于翻译问题的大讨论，这些讨论对我的教育极深。

第一件事，是关于《学习译丛》上发表的一篇文艺理论译文的讨论。当时《学习译丛》杂志介绍的苏联理论，受到我国理论界的重视。杂志有一期上登载的一篇文艺理论，有的地方意思没有译对。文章刊出后不久，《人民日报》的理论版上就有人提出意见，说有些话意思看不懂。师哲局长发现了这个问题，要《译丛》室从上到下认真检查原因，总结经验，并且要郑重其事地写出检讨。为郑重起见，局长还规定，全室上下要先认真学习中央关于在报刊上开展批评和自我批评的文件，按照文件精神妥善处理这次“事故”。《译丛》室经过核对原文和反复讨论，确认看不懂的地方确实把意思翻译错了，译者在翻译的时候没有吃透原文，校订的时候也没有看出来，以致刊登出来造成了不良影响。在全室认真检查和总结经验的基础上，写了一篇详细的检讨。后来这篇检讨刊登在《人民日报》的理论版上。与此同时，我们又把正确的译文重新发表了一次，刊登在下一期《学习译丛》上，以正视听。对译错的文章采取如此认真的态度。这件事使我们这些年轻人受到了一次深刻的教育。

另一件事，是《英国工人阶级状况》中译文的“大返工”，以及全局关于这次“大返工”的讨论。这篇文章是恩格斯早年旅居英国时写的一篇带有社会调查性质的文章，其中描写了最发达的资本主义工业国英国的工人阶级的社会生活状况，文章中有很多关于工人社会状况的描写。这篇文章由翻译室译出并定稿之后，经局长审稿，译文不合格，被退回重新加工，并要求全局开展大讨论。这篇译文是从英文原文译出的，除了意思译错的地方之外，主要的毛病是中译文充满了外文式的句子，这是当时翻译界的通病。而编译局在翻译经典著作一开始，就提出中文不但要意思正确，而且译文要“通顺”“流畅”。编译局最初出版的《斯大林全集》中译本在这方面树立了榜样，并得到了社会上的一致好评。而现在译出的恩格斯的著作没有达到那样的水平，到处充满了“翻译腔”，外文句式的中文，因此在局长审稿时要求“返工”。下面举一些例子加以说明。

例一：（原译文）“试把威胁着法国革命的死刑和苦役拿来和慢慢地饿死、和每天都看到挨饿的家庭、和明明知道总有一天资产阶级会向你报复、和英国工人为了不屈服有产阶级的压迫而忍受的一切比比吧！”

这句话的毛病是，不顾中文语法，硬把原文的句法死搬过来，既不管意思是否清楚，也不管译文是否顺畅。这里的原因是译者照葫芦画瓢似的把外文句式照搬过来，当然造成句子很不好懂。这句话修改后，改译为：“英国工人为了不屈服于有产阶级的压迫而忍受着一切，他们在慢慢的饿死，他们每天得看着家里的人挨饿，他们知道资产阶级总有一天要报复，——试把威胁着法国革命者的苦役和死刑跟这一切比一比吧！”这样改了以后，句子显然通顺多了，意思也明白了。

例二：（原译文）“在掩饰工人阶级的不幸方面，资产阶级的艺术已获得了进一步的成就”。这句话修订后改译为：“资产阶级掩饰工人阶级灾难的手法更巧妙了”。原来的译文基本上是按外文句式摆下来的。再说“资产阶级的艺术”决不能译为“艺术”，显然是“手段”、“技巧”之类的意思。

例三：（原译文）“雨可以通过半腐朽的屋顶自由地往

下漏”。这句话修订后改译为：“一下雨，雨水就从破烂的屋顶往下漏个不停”。原来的译法也是按外文的架势摆下来的，翻译中这类的毛病极普遍，但这类的句子多了，中国人很难读懂，而且往往影响到意思。其实这是一句很普通的话。

如此等等，这样的句子通篇很多，使人读起来实在感到不舒服。这样的译文就没有达到编译局规定的经典著作的标准。经过这次大讨论，大家又一次受到了深刻的教育，认识到经典著作的译文不但要意思正确，还要行文通畅。而要做到这一点，一是必须弄懂原文的全部含义；二是必须采取通用的规范的白话文；三是为保留经典著作的原文风貌，要保留其中的特殊用法。但有些并不是“特殊用法”，却被译者误以为是“特殊用法”，例如例二中的“艺术”并不是“特殊用法”，只是“手段”“手法”的意思。

后来，我们学习了恩格斯写的一篇文章《不该这样翻译马克思的著作》（见《马克思恩格斯全集》中文第一版第21卷）。在文章中，恩格斯批评英国人布罗德豪斯没有弄懂原文，就随便乱译马克思的《资本论》。译者不懂理论，也不加研究，随心所欲地把马克思书中的“市民社会”译成“在普通人中间”，把“商品尺度”译成“商品容量”等等。恩格斯说他“用一些模糊了作者原意的比较含糊的用语来表达难译的德文词”，还说译者“显然根本不了解什么是真正的老老实实的科学工作”。恩格斯的这些话对我们有极大的教育意义，结合到我们自己工作中所犯的错误，使我们认识到，翻译工作真正是老老实实的科学工作，不能有半点马虎。

使我受到深刻教育的第三件事，是全局关于翻译标准的大讨论。这次讨论可能是在1955年下半年进行的，讨论也很热烈。这时大家已经来局几年了，都有了一定的实际工作体会，所以讨论起来思想活跃、各抒己见，提出了很多问题，有的最后也没有得到解决。我记得在局内同志们热烈讨论的同时，我们还通过俄专的校刊《俄文教学》杂志把问卷分别寄给社会上的各位名流，请他们发表意见。好像当时许多作家和翻译家都有回信，有的意见还发表在《俄文教学》杂志上，但更具体的情况现在已记不起来了。

关于翻译标准，翻译界的前辈严复曾经提出过“信、达、雅”的标准。我们局一贯奉行的标准是“意思正确、译文通顺”。这多少和前辈学者提出的“信”和“达”相近似。在讨论中，我们又得知近年来西方有一种新的翻译理论，叫做“等值翻译”。“等值翻译”细讲起来比较复杂，简单说来就是，要求译文和原文“等值”，使读译文的读者读后能产生出原文国家的读者读了原文后同样的效果。说实话，这样的标准是很难达到的，但至少译文越接近于原文，效果越好。

在讨论中虽然没得出最终的统一的结论，但大家都有不同的收获。何匡同志专门把他的心得写成一篇文章《论翻译标准》，刊登在《学报》1956年11月第5号上。这篇文章在一定程度上反映了这次大讨论中大家的收获，文章大体意思如下：

研究翻译标准对于指导翻译实践，提高译文质量有重大意义。翻译就是把用一种语言表达的作品译成另一种语言表达的作品，是用不同的语言材料复制原著。要做到改变语言而又保有原著内容，是不容易的。既要反对译者脱离原文随便改写，也要反对把外文按顺序死搬过来，造成“硬译”和“死译”。文章分析了翻译工作中的几个要素。他说，就翻译来说，思想和风格是原著的内容，语言是原作的形式。翻译就是保存原作的“思想和风格”，改变原作的语言。而就思想和风格的相互关系来说，思想又是内容，风格又是形式，翻译中不但要保持原作的思想，也要保存原作的风格，如不保存原作的风格，译文的精神面貌就会同原文迥然不同。

因此，翻译标准应当包括三个主要条件：

在保存原作内容方面。关键是要吃透原文，掌握原文的真实含义，这和译者的语言、理论、知识、专业水平有关，要做到译者的理解和原著的意思相一致，译者的理解必须有充分依据。从马列主义经典著作来说，“有充分依据”的标志是：语法、逻辑、理论、事实，这几个方面都站得住脚。这就要求译者必须进行研究，不但对作者本人进行研究，而且对作品进行深入细致的研究。当然集体研究，取长补短，可以补个人的不足。

在翻译语言方面。要使用全民规范和通顺流畅的白话文，不能生硬造句。外语长句较多，处理长句要做到“层次分明、逻辑严密、重点突出、语气衔接、用词精炼”的原则。

文章在谈到保持原作风格时指出，“风格”主要是原作者表达其思想内容的特有手法。任何一种丰富的语言，表达同样的意思，可以用种种不同的说法。文章举例说，《共产党宣言》中有这样一句话：“在资本主义社会中是过去支配现在，在社会主义社会中是现在支配过去”。这里说的“过去支配现在”意思是“死劳动支配活劳动”或“机器支配人”。而“现在支配过去”意思是“活劳动支配死劳动”或“人支配机器”。这些说法意思上都一样，但作者说法是含蓄的，中文译文就必须保持原著的特有说法。

文章最后总结说：翻译的标准应当是，用合乎全民规范的语言充分地正确地表达原作的思想和高度保持其风格。这个标准用这样一句话表达也可以，用“信、达、雅”三个字表达也可以，用其他什么含义相同的话表达也可以，这用不着争论。

大家都知道，我们局的翻译标准是从刘少奇同志代中央起草的《关于翻译工作的决定》中引用来的，是两句话：“意思正确，文字通顺”。而我们翻译界的前辈定的标准是“信、达、雅”。正如前面提到的西方还存着另一种翻译理论，叫做“等值翻译”。表面看来彼此好像有矛盾，但其实，讨论起来实质都差不多。“信、达、雅”是三要素，编译局的标准好像是两要素，“等值翻译”好像是一要素。但正像讨论中大家认可的，编译局的“意思正确”这一条就包括“思想”和“风格”这样两个要素。所以何匡同志的文章也说，翻译标准应当包括三个主要条件。可见，翻译标准用什么词句表达，是用不着争论的。但我的印象是，师哲局长当时好像倾向于用三个要素来表达较好。他说过，把一个事情分成几个方面来分析和论述，总比笼统的说法要清楚些。

在大家讨论中，争论较多的是如何能达到“雅”的标准（在编译局的翻译标准中，没有专门列出这一条）。有人提出，如果原文本来就不“雅”，译文怎样达到“雅”呢？经过讨论，大家认为，这一条可以理解为就是保持原作风貌。这是对“雅”作了扩大的理解。例如，在马克思写的经济学手稿中，往往骂庸俗经济学家是“蠢驴”，骂政府官员是“寄生虫”，是“粪桶”。据说在考茨基编的《剩余价值学说史》中，也许是出于“好意”，怕人家说马克思不文明，把这些骂人的话都删改了。然而，保留这些“不雅”，反而能更好地反映马克思的风格。鲁迅的杂文以犀利尖刻著称，如果把其中尖刻和骂人的话都删掉，那还能称其为伟大的思想家鲁迅吗？同样，据说莎士比亚的戏剧中，为表达不同人物的角色特点，有的人物口中脏话连篇。而朱生豪的中译本，被认为是最好的中译本，但据说，朱译本中可能考虑到舞台的“清洁”，把许多脏话都删掉或改译了，这被认为是朱译莎翁戏剧中的“败笔”。

还有一个附带的问题，就是如何更好地翻译外国谚语。有人把俄语中的谚语“雨后蘑菇”译成了“雨后春笋”，还觉得很得意。其实更深一层地想一想，俄国并不产竹子，译成“雨后春笋”反而是弄巧成拙了。因此这个谚语，不如直接译过来更好。有些谚语，中国和外国有的完全相等，有的类似，这种情况下可以直接译成中国谚语，如“活到老，学到老”。外国谚语“种什么，收获什么”，这句话可以直接译过来，也可以译成“种瓜得瓜，种豆得豆”。但不能把带有外国特色的谚语译成中国特色的谚语，例如译成中文“三个臭皮匠，凑成一个诸葛亮”之类的谚语是不行的。有些带有外国特色的谚语，由译者创造性的改造，译成一句类似中国的新谚语，能丰富我们的语言，也是很好的。例如，在《斯大林全集》中译者把一句俄国谚语译成“乌鸦遇到了玫瑰花，就把自己当夜莺夸”，这是译者的成功创造。所以翻译谚语有三种情况：一种是意思完全一样可以照译；一种是意思类似，可译成类似的谚语；一种是外国特有的谚语，中国没有，可创造性地改造。但要注意，不能把不同国家特有的东西混淆在一起。

总的说来，翻译是严肃的科学工作，我们从事的是老老实实的理论科学工作。也可以把原著和译文的关系比作“原件”和“拷贝”的关系。原件在拷贝成“复印件”之后，总要或多或少地“失真”一些。但我们应尽量使“失真”的程度减到最低。译者越是深刻了解原作者的主客观条件，越是接近于原作者的主客观条件，译出来的东西就越是贴近原著。革命导师们不但是伟大的实践家，也是伟大的理论家，翻译他们的理论是神圣的事业。我们必须不断地学习、学习、再学习，深入钻研他们的理论，非常熟悉他们生活时代的一切主客观条件。因此我们要实行翻译与研究相结合的原则。只有这样，才有可能把经典著作译好。而且一个人无论能力有多大，总是有局限性的。正因为如此，编译局实行集体翻译，通过大家优势互补，尽量克服个人的局限性。也许这样才能保证译文尽量符合原文。

这次全局关于翻译标准的大讨论，使我们这些年轻的译者经过几年的实践以后得以从理论上提高了一大步。

七、泰山脚下劳动锻炼

到了 1955 年，编译局成立三年之后，无论在人员和科室机构的设置方面，还是在总结翻译经验方面，都达到了一个新阶段。这时《斯大林全集》的译校已完成大部分，尚余五卷没有译完（全集共 13 卷）。特别值得一提的是，《列宁全集》第一卷在这一年译出来了，这就为总结《列宁全集》的译校经验、班组设置、翻译工序以及估计今后的进度等方面提供了条件。这时编译局的科室，除了原来的马恩室、列宁室、斯大林室、《学习译丛》室、核对室（由原来的编审室改编而来）之外，后来由于工作需要，又增设了几个室，有哲学室（专门翻译哲学著作，开始时翻译《哲学辞典》，接着翻译列宁的《哲学笔记》等），有历史室（专门翻译苏共历届党代表大会的决议等党建的文献），有研究室（由张仲老亲自领导，最初研究马列主义在中国的传播，他们编写的五四期刊的研究著作，至今在我国学术界仍有一定的影响。从 1959 年起，改为专门研究国际共运史，分别研究第一国际、第二国际和共产国际。研究室后来称国际室，涌现了很多人才，如殷叙彝、李兴耕、郑异凡、胡文建、宋洪训等同志，在我国学术界有一定影响）。这样编译局就有了 8 个业务科室。

从 1957 年起，为了翻译《资本论》，又专门成立了一个经济室。由何匡同志挂帅。何匡同志本人业务水平很高，长期兼任行政领导工作。这次为减轻他的负担，经济室改由刘舒同志担任室主任。经济室由两部分人组成，一部分是直接译校人员，开始时人数较少，除何匡同志外，包括任田升、陈国雄、荣敬本和我，另一部分是资料组，人数较多，主要任务是为《资本论》查找资料，作译名统一、注释等工作，主要有于沪生、王全民等同志。后来译校人员又增加了从苏联留学回来的余大章、孔熙忠等同志。资料组也增加了许多年轻的新同志。1958 年以后，科室重新合并，哲学室和经济室都合并到了马恩室。经济室的一些同志，后来成了马恩室的经济组（经济处），在周亮勋等同志的领导下，翻译了《资本论》等著作，这些我以后还会谈到。1958 年以后，由于苏共历史文献已译完，历史室也撤销了。《学习译丛》也已由编译局交到外单位，所以译丛室也撤销了。但从 1959 年起，根据中央的要求，编译局成立一个重要的科室，最初叫"毛著室"，后来叫"文献室"，专门负责把《毛泽东选集》、我党的重要文献和其他领导人的著作译成外文发表，起了非常重要的作用，这些都是后话，这里就不详谈了。

1955 年，编译局根据中央加快翻译三大全集的指示精神，重新制定了一个编译局翻译工作的五年计划。编译局刚成立的时候，曾经初步设想在 10 到 15 年左右的时间内译完三大全集。但当时还没有具体实践经验，所以计划很难定得具体。经过两三年的翻译实践之后，现在再订计划就比较有把握了。一些老同志向中央反映，说他们革命一辈子，现在将近暮年，还没有看到过《列宁全集》的全貌，希望编译局加快翻译速度，满足他们早日读到马列著作的愿望。编译局根据中央的精神，制定了一个1956—1960年的5年工作计划。这个计划也是一种大体上的考虑。总的来说就是，在编译局现有翻译力量的基础上，预计五年内除译完《斯大林全集》以外，基本译完《列宁全集》，同时译出14卷《马恩全集》。具体工作量大体上是：译完《斯大林全集》尚未译的5卷（全集共13卷，当时已完成8卷）；译完《列宁全集》23卷（全集38卷，剩15卷再用几年完成）；译完14卷《马恩全集》。再加上哲学笔记、苏共决议案汇编和哲学史等著作都译完。按数字计算全局每年要付排500万字左右。

到了1958年，这一计划被进一步打乱。在1957年整风反右的基础上，全党通过了“鼓足干劲、力争上游、多快好省地建设社会主义的总路线”。在总路线的鼓舞下，1958年全国掀起了“大跃进”和人民公社化运动的高潮。先是在全国掀起了大兴水利的运动，各地粮食生产不断创高产、“放卫星”，接着又掀起了大炼钢铁运动，要使全国钢铁在1958年一年内翻一番，从当时年产量500万吨上升到1070万吨。当时估计，这样加快建设，我国就有可能赶英超美。城市和农村不断喊出惊人的口号：“人有多大胆，地有多大产！”，“不怕做不到，就怕想不到，只要想得到，就能做得到！”这都是当时有名的口号。还有一首诗：“天上没有玉皇，地上没有龙王，我就是玉皇，我就是龙王，喝令三山五岳开道，我来了！”

在这样的气氛下，编译局的同志们也坐不住了，提出全局一盘棋，集中力量将《列宁全集》38卷全部译完，向1959年国庆十周年献礼。这一新口号和新思路的提出，调动了全局同志的积极性，涌现了许多优秀事迹和人物，全局同志夜以继日地投入到《列宁全集》的献礼工程，实在是编译局历史上值得大记特记的一段经历。只可惜我从1958年2月就随编译局一部分同志下放到山东泰安县农村去劳动锻炼了，没有机会亲身经历。但另一方面，在这一年我有机会亲身经历农村的“大跃进”和人民公社化运动。在下面我先把我1958年底回局后的经历写一下，然后再专门写一下我在山东农村的亲身经历。

1958年底我从山东农村回到编译局。我发现，局内各方面发生了巨大变化。首先，有人为了向国庆十周年献礼，每天加班加点翻译《列宁全集》，连不懂外文的行政部门的人员，也都尽量投入《列宁全集》的献礼工程，如帮助转抄稿件，核对清样等工作。正是由于大家这样大干苦干，1958年这一年下来，大家基本上把《列宁全集》38卷全译完了。这件工程为编译局赢得了理论界和全国人民的称赞。当然，虽然取得了成绩，但是缺点也不少，各卷之间质量参差不齐，有的卷译文质量不怎么达标，名词术语不统一之处也时有发现，这都是快速赶进度造成的毛病。

其次，听局内的同志讲，他们也参加了北京市1958年兴修水利和大炼钢铁的运动。当时，党中央和北京市开始了兴修十三陵水库的工程，毛主席、周总理等中央领导同志都曾亲自去劳动，振奋了全国。编译局在大干《列宁全集》献礼工程的同时，每期也派人去十三陵劳动，得到了极大的锻炼，亲身体验了大兵团作战的伟大场面。局内同志还告诉我们，他们都亲身参加了“大炼钢铁”运动。炼钢炉就设在我们局的院子里，竟然把南宽街宿舍的一对大铁门炼了钢。在除“四害”的运动中，全北京市统一时间，家家户户都有人站到房顶上，敲锣打鼓，不让麻雀落地，据说麻雀不能飞很长时间，时间一长，麻雀自己就会从天空掉下来。我问局内的同志们，他们说没有看到麻雀从天空中掉下来的事实。但有一件事却让大家议论纷纷。就是鲍世明同志当时身背一支猎枪，走街串巷打麻雀。有一天猎枪走火，把一家老太太的窗户玻璃打碎了。为此被派出所拘留了一天。

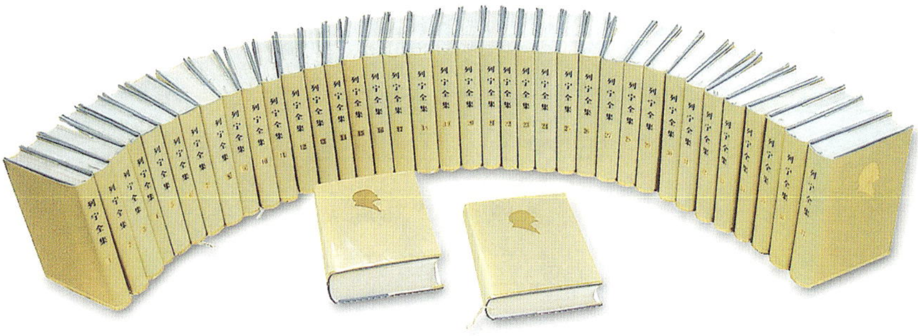

《列宁全集》中文版

我于1958年底回局以后，先是来到编译局新成立的杂志室工作。我下放前所在的经济室已撤销，被合并到马恩室经济组了。现在这个杂志室是1958年以后新成立的，专门翻译出版《和平和社会主义问题》杂志。室主任是张慕良同志，我被分配在张秀珊同志领导的翻译组中。《和平和社会主义问题》杂志当时是苏联和各社会主义国家的共产党联合组建的刊物，编辑部设在布拉格，编译局的张仲实副局长曾代表中国共产党担任这个刊物的编辑之一。在这个室，我除了参加翻译杂志的文章以外，还有幸赶上了“全局一盘棋”翻译《列宁全集》、向国庆十周年献礼的工程收尾工作。我协助张秀珊同志共同翻译完成了《列宁全集》中文版第37卷（《列宁家书集》）的工作。1959年以后，我又重回马恩室经济处，继续我原来的翻译《资本论》和经济学著作的工作。

回到马恩室，遇到两件事值得一提。第一件事，是发现马恩室实行过“插红旗、拔白旗”活动。把全室的人员名单列表挂在走廊里，每月完成的翻译数字都填写在表上，谁完成了任务，就给谁的名字后面贴上一个小红旗，完不成任务的，就贴上一个小白旗，贴小白旗的意思就是希望下个月把小白旗拔掉，换上小红旗。结果再看这张完成任务情况的表格时，“表”上都是小红旗。

另一件事情是，马恩室从局外引进了一种“快速翻译”的新办法。一开始，室里先组织全室同志到创造这项新办法的单位去参观，然后回到局内也跟着学。这套办法是，开始几天，不急于动笔翻译，而是先作准备。包括先了解原作的写作背景、原作的内容，用字典查找生词，甚至每句话怎么译都做出记号或提示。等到把所有准备工作都做好了以后，再选择一天作为“高产日”，集中精力把译文写下来。在“高产日”这一天，办公室的大门紧闭，门外挂上一个大牌子，上写“高产日，请勿打扰”。坐在办公室内进行“高产翻译”的人则不休息、不喝水、不接电话，甚至不上厕所，从一上班就坐在办公室奋笔疾书，一口气写到中午吃饭为止。这种高强度的书写速度确实很快，有的人一个上午能写四五千字。效果确实比平时翻译速度快多了。但是实行了两三个月之后，大家又松懈下来，没有坚持下去。因为大家一想，这种办法实际上是把翻译的程序改变一下，把准备工作和书写工作分开来，结果“高产日”显得效果确实高，但如果把“高产日”写出的字数平均到进行准备工作的各个工作日去，其速度也和平时的翻译进度相差不多。今天看来，这些办法从根本上讲是不符合翻译工作的规律的。尤其是经典著作的翻译需要精雕细琢，更不适合采用这种“高产”的办法。

下面我来记述一下我亲身经历的1958年的农村生活。

1957年毛主席发出了广大干部下放劳动的号召。毛主席认为我们这些知识分子都是“三门干部”（从家门到校门，再到机关门），没有接触过劳动人民，没有从事过体力劳动，所学的东西只是书本上的知识，缺乏实际工作的经验。因此在一般大学学完书本知识之后，还必须再上另一种大学，就是去农村劳动锻炼。这是毛主席一贯的思想。早在延安时期，毛岸英刚从苏联回来，他就让自己的儿子去农村跟劳动模范再上一次“劳动大学”。这些事例都是大家熟悉的。

我们局是“知识分子成堆的地方”，我们要自觉响应毛主席的号召，下放农村改造思想。当时，编译局师哲局长已经调到山东省委任职，成为省委六个书记之一。我们通过他的关系，在山东找到一个劳动锻炼的好地方，那就是山东省泰安县泰山东麓刘家庄乡所属的各个村子。这个地方就在泰山脚下，是个山区，生活比较艰苦，平时劳动都在山上，更有利于我们劳动吃苦，有利于我们的思想改造。

我有幸被选中，参加第一批赴泰安劳动锻炼的队伍。我们 1958 年 2 月底从北京出发到泰安县，由林基洲同志带队，副队长是詹汝琮和余征同志。林基洲兼任泰安县委宣传部副部长，同时负责我们这些下放干部的事务。下到泰安以后，抬头就能看到雄伟的泰山，泰安县城内到处都是文物古迹，保留有不少历代帝王封禅的文化遗产，使我们大开眼界。

到了泰安以后，先参加县里的党代会和三级干部会，县、乡、村三级干部都在，是我们了解情况的好机会。我们预计将来要到刘家庄乡，所以我们就参加刘家庄乡的代表团讨论，和他们一道活动。刘家庄乡下属各村分布在泰山东麓由南往北的一条山沟里，总长约 40 里，最北边是李家泉村，最南边离县城东郊不远。这次党代会的主题就是

下乡劳动（一）

下乡劳动（二）

鼓足干劲，解放思想，促进粮食生产大跃进，让大家讨论1958年的粮食生产指标。会上大家一边讨论，一边自报增产指标。有时各个村之间相互“叫板”，相互竞赛，看谁今年的产粮指标最高。在讨论中我体会到农村干部比较注重实际。1957年全县粮食亩产平均不到300斤，开始时各村干部讨论1958年能否达到亩产500斤，大家都非常认真，摆出各种主客观条件，强调难以达到。可是到了会议后期，县委提出要求破除迷信，今年就要“过长江”（意思是达到长江以南地区亩产800斤以上的指标）。在我看来，这时干部们就没有那么认真了。最后会议终于决定1958年全县要达到每亩800斤的指标，实际上大家并没有信心。

会后，我们被分配到各村和农民同吃同住同劳动。我和谢宁、李俊聪等六个人被分配到刘家庄乡最北的李家泉村。这个村就在泰山脚下，一共九条山沟，村中心就在这九条山沟的汇合处，有一眼泉水，全村都到这眼泉水来挑水吃。村民居住很分散，散布在这九条山沟里，所以夜间开会得用广播喇叭叫半天大家才能到会。这个地方是个革命老区，早在抗日战争时期，就有游击队在活动，日本鬼子一直没敢进到过这个地方。

我和李俊聪同志二人被分配住在姓邢的副队长家里。他们家一共三口，都是“光棍汉”，副队长本人是老二，他大哥是泥瓦匠，有时也到泰山顶上去找点零活干，老父亲在家为我们做饭。另外谢宁和胡尧之等同志被分配住在村东头一个老大爷家中。下放劳动锻炼开始要过“三关”，即“劳动关”“生活关”和“思想感情关”。“思想感情关”是一个缓慢的潜移默化的过程，但“劳动关”和“生活关”对我们这些知识分子确实是极大的锻炼。

首先是“生活关”，粮食不够吃。这些山区的人民每年春天都要吃几个月的树叶，我们刚一进村就看到奇怪的景象，所有树梢都长得细而高，树冠很小，一打听才知道，原来树叶都让村民当饭吃了。这里是山区，水果比较多，五六月份桃子成熟的时候，社里把全村的桃子收下来分给各家，每家都分得几十斤，整筐地拿回家去。我以为这些桃子至少能吃十天半月，但三天以后基本上都吃完了。我很惊讶，就问他们怎么吃的。原来他们把桃子拿回家搁锅里蒸熟了，当饭吃。这里的猪没有猪圈，一般也不怎么喂，让那些猪满山跑，老远望去猪比狗跑得还快。我们下放干部每月30斤粮食定量，我们五个男子汉（两个下放干部，三个村民）住在一家，粮食不够吃是自然的事。每天每人一个煎饼，再不够就吃树叶。这里的人什么树叶都会吃，大杨树叶子煮熟了以后，泡在水里一个星期，水都泡黑了，然后把树叶拿出来剁碎，撒上盐，在当地叫“小豆腐”，我们每天都把这种“小豆腐”卷在煎饼中当饭吃。只有偶尔到县里开会才有机会改善一下伙食。

“劳动关”对我们也是不小的考验。我们原来在平原地区，每天吃过早饭后，都是说“下地干活”，而在这里人们都是说“上坡干活”（就是上山干活）。队里把我们下放干部放在和“铁姑娘队”（也叫“青年花木兰队”）一道干活，一方面劳动比较轻一点；另一方面，她们都是初中生，可以在文化上对她们有所帮助。山东姑娘身体健壮，热情肯干，一边干活一边唱歌。我们几乎每天都在山上“深翻土地”，汗流满面，手磨破了，方知粮食来之不易。由于吃不饱饭，干起活来也不能坚持太长时间，往往干着干着就自然地停了下来，闲聊起来。这时生产队长远远地看到了，就向铁姑娘们开玩笑似的喊一声：“赶快干吧！别再给铁锹把号脉了。”他把大家站在那里手扶着铁锹把聊天，比作中医给病人“号脉”，很是风趣。

每天工间休息时，姑娘们就坐在地头上，让我们下放干部给她们讲故事。她们问得最多的，就是国庆节天安门广场上怎么样游行，毛主席怎么样在天安门上检阅等。还问北京的故宫是什么样的、皇帝的龙椅是什么样的，等等。这样，她们无形中增加了知识，而我们则得到了劳动锻炼。我们最引为自豪的是，经过几个月的劳动，我们都学会了挑担子。最初，挑七八十斤重的粪肥上山，我们的姿势很难看。但几个月的锻炼之后，我们可以挑着担子走二三十里路。我们自己都很有成就感。在农村劳动到5月份，就把我和一批下放干部调到乡里修水库的工地上去了。

刘家庄水库工地距县城二十多里，是县委姚书记亲自考察规划的。那时，全国各地都在大修水利。泰安县委第一书记姓姚，人称“姚书记”。他是军队团级干部出身，初中文化程度。在我看来他精明能干，实际工作能力很强，但在当时的氛围中，总是被批评，说他“保守”，“思想不解放”。别的县都上报今年亩产争取达到双千斤、上万斤什么的，而泰安县只是计划达到亩产八百斤，当然被上级批评为“保守”。姚书记始终感到“压力”很大。在兴修水利的问题上，姚书记下力气真抓实干。他自己一个人，身上挂着一副望远镜，后边跟着一个小通讯员，亲自走遍了全县的每个大小山沟，亲自规划了几处修水库的坝址。县里规定先修建刘家庄水库，取得一定经验后再开工其他水库。刘家庄水库工地就在我们的那个乡，所以抽调一部分下放干部来工地协助工作。

5月9日，工程正式开工，另一位县委副书记——刘书记，任工程指挥部主任，县里来了少数干部，其余的全是

“就地取材”。济南水利学校（中专）的一批学生担任工程部的各项工作，他们的一位老师担任工程师。我们下放干部由余征同志带队，主要集中在宣传部工作，搞宣传、出油印小报、即时报道工地上的消息、表扬好人好事等，搞得热火朝天。下放干部的一小部分被分配到工程部，和那些水利学校的学生们一道管工程质量。我就被分在工程部了。到了工程部以后，天天给他们解决矛盾。工程学校的学生们按照书本上的规定，要求工程质量，可是民工领导们希望加快进度，有时不按工程质量要求，只图快。我就夹在他们中间给他们“和稀泥”。从泰安县平原地区各个乡抽调来的民工共计约有七八千人，他们都按民兵编制，自带口粮，由各乡长带队来到工地。一时间，这么多人拥挤在坝址下面的一条山沟里。

民工没有地方住，两侧的山坡上小麦即将成熟，他们不愿破坏庄稼，只好由各乡自己把帐篷搭在大坝下面的山沟里。工期预计需要四个月左右，由于开工时间晚了，要尽量往前赶，以避免雨季到来时山洪暴发影响工程。工地上日夜开工，拖拉机轰鸣，山东省特有的独轮车每天上千辆往返不停地运土，夜里灯火通明。往日里寂静的小山村，现在真是一片热闹非凡的景象。我们亲身体会到那种热烈气氛。只要把群众发动起来，似乎有无穷的改天换地的力量。

6月中旬的一天，傍晚收工时工地上放电影，一场暴雨袭来，夜里山洪暴发，不幸的事故发生了。山洪是山区里的大灾难，我们从来没有经历过，实在吓人。洪水携带着山沟里的大石头像雷暴一样轰鸣而来，几个小时过后，把工地摧残得一塌糊涂。大坝尚未建成，洪水越过大坝奔流而下，把山沟里大坝后面的民工帐篷扫荡掉了一多半，连拖拉机也被冲向下游二里多地，工地上人员和物资受到很大的损失。

我们住在平原地区的人不了解山洪的可怕，但当地山区的人早就警告过我们要防山洪暴发，但并没有引起人们应有的注意。这是我亲身经历的一次灾难。好在下放干部都健在，没有受到损失，但当地民工死伤了几十人。我那天夜里没有值班，在工地上值班的同志都从山沟底下逃到了山坡上，才幸免于难。山洪来时已是晚上，民工们很多人都在帐篷中睡着了，等到洪水越过未完工的大坝冲下来的时候，冲走了许多人，所以造成了人员伤亡。这次灾难过后，工地上停工三天，处理善后，然后又重新开工，并把水库更名为“上甘岭水库”，把它比喻为抗美援朝战场上的英雄阵地“上甘岭”。水库上的每个人都发了一件圆领衫，上面印着“上甘岭水库”五个大字。

这座水库终于在8月份建成。事后，县委刘书记和我们下放干部一道进行总结时，说了一段让我终生铭记的话。他说，他们在军队中就有过类似的经验教训。人们无论干什么事，都要事先做好充分准备，做好了准备和没有做准备是大不一样的，正像毛主席说的，战略上要藐视敌人，但战术上一定要重视敌人。平时大晴天，要想到下雨，小雨要当大雨来防，大雨要当暴雨来防，只有这样做了准备，才能立于不败之地。任何事情如果事先没做好准备，是一定要吃亏的。这是我经历的一次血的教训，值得终生牢记！

上甘岭水库修成以后，并没有多大用处。库容太小存不了多少水，而且泥沙太多，很快就把水库淤平了。后来一打听才知道，当时决定修这个小水库本来就不是为浇地用的，主要是为了练兵。在大修水利的运动中锻炼出了一批水利建设队伍，成为县里基建的骨干。后来县里在第二年又建了一个较大的水库“黄前水库”，据说那才真正起了作用。

八、“三年困难时期”

我从泰山脚下回局以后，从1960年开始，一切都归于平静，大家安安静静过日子，但越来越感到生活艰难起来，“三年自然灾害”时期开始了。

首先人们感到，副食品越来越少，粮食也慢慢感到不够吃了。当时，什么东西都是凭票供应，每人每月半斤油票、半斤肉票，所有其他的油料作物都买不到。芝麻、花生、黄豆一概没有。我记得，一年下来，只有到春节的时候，每家才能凭票买一斤干瘪的花生。那是从榨油的花生中淘汰出来的，有一半还只是个空壳。而最要命的是每个人的粮食定量。当时全国轻体力劳动平均每人每月30斤粮食。但编译局领导要求更严，要大家勒紧裤带为国家分忧，把大家自报的指标一再压低，最后编译局上报给中直党委的标准是男每月28斤、女每月26斤。

后来中直党委认为，我们自己上报的标准太低，每个人又给增加了半斤。这样，我的粮食定量就是每月28斤半。我妻子（编译局医务室的大夫）的定量是26斤半。正在这时，我大女儿出生了。真是“生不逢时”，小孩子先天不足，后天失调，严重缺乏营养。千方百计“走后门”才能弄到一两罐奶粉。结果小孩子不断生病，几乎当时所有的儿科疾病都生遍了。没有办法，我们找了一个保姆，是一个北京郊区的老太太，我们叫她“大娘”。这样一来，每月的钱又不够花了。多少年以来，我的工资是每月56元，妻子比我还低。我记得很清楚，我们一家几乎每个月到月底就缺五六天的零钱花，只好开口向“大娘”借。到下月初发了工资时，先偿还欠“大娘”的债务，再给她发工资，而到下月底，再向她借钱花。我们就是这样循环地维持着生活。

再说吃饭。由于粮食定量低，大家用粮票吃饭真是“斤斤计较”，甚至“两两计较”。开始时，我和妻子都在机关食堂吃饭，以后，就只在机关买主食，拿回家以后自己再搭配些副食。后来干脆连主食都在家做。因为小孩也还有几斤粮食定量，我们就请保姆“大娘”帮着做主食，我们自己学着做菜。“午饭吃干、晚饭吃稀”，勉强维持吃饱。但因缺少副食和油脂，肚子里总是感到饥饿。很有意思的是，那时候，大家聚到一起闲聊天的时候，总是会谈到从前西单北大街上哪个饭馆有哪种菜特别好吃、什么样的好菜如何做，等等。这叫“精神会餐”，也是肚子饿的一种表现。

我记得当时局内不少同志都发生了浮肿，有人浮肿得特别厉害，后来中直机关还专门开放了“浮肿疗养”，让浮肿特别厉害的同志去北戴河疗养若干天，缓解一下病情。

局内也想了各种办法。一种是做小球藻让大家喝。在原来的旧洗澡间里生上火炉，让室内温度保持在一定高度，在旧的澡盆里放进温水，在水里接种上小球藻的菌苗，经过几天，水就变成绿色或淡绿色，这就是小球藻，据说喝了可以增加营养。培养小球藻的室内有几个同志轮流每天二十四小时值班，大家上班时在上下午的工间操期间，都可以自由去打来喝。对于这件事，有人不怎么相信，也不怎么喝，但也有的同志非常认真，不但上下午都自觉地去喝，而且拿着暖水瓶打回办公室，一天到晚都喝。这样继续了几个月，忽然传来一个“谣言”，说是某科学家说了，喝一天小球藻的营养成分也不及一粒黄豆。结果弄得大家半信半疑，最后也就不了了之。

我自己感到，对我们大家来说，最有效也是最实惠的营养补助，就是编译局每月发给大家几斤带鱼，拿回家去补充伙食。这项措施是编译局参加中直机关的打鱼计划的成果。编译局也像中直机关其他单位一样，派了一位行政人员去青岛，和人家联合搞了一艘渔船，每个月把打到的带鱼运回局内分给大家。每家分到的带鱼每月可以吃好几次，这件事可是真正解决了问题，减少了浮肿现象。

还有一件事，就是为了缓解各单位的副食缺乏，北京市分给了各单位一些荒地，让大家去种菜或种粮食。编译局分到的“农场”在小汤山阿苏卫村，紧挨着大汤山，离小汤山镇不远。那里是一片洼地，平时长着很多荒草，村里农民平时都不种这种地，把它撂荒了。市里就把这些地划分给各机关，让各机关自己去经营。我们局派了行政科长林春藻同志去主管这个“农场”，他本人是第四野战军的复员军人，在部队中就从事后勤工作。在参军以前，他在山东老家也是种地的能手，也很会管理菜园。自从编译局有了这个“农场”，

“林科长”就带着几个工务员长期住在那里，而我们大家则轮流到那里去劳动，秋天收获了粮食，平时收获了蔬菜，随时拿回机关，放到食堂里支援机关的伙食。

我们轮流在这个“农场”劳动，发生了许多有趣的事情。首先大家在地里干活总是感到肚子饿。早晨吃完早餐下地干活，大约干到10点钟左右就没有劲了。大家不自觉地在地里三人一堆、五人一伙地聊起天来，直到勉强凑合到11点半时，大家就早早收工回去吃饭。这是我第二次体会到吃不饱饭就干不动活的经历（第一次是在1958年春天到山东农村时的体会）。

其次，“农场”里养着一匹老白马，不断出“事故”，成了大家取笑的对象。据说，这匹马是局里卖掉了拖拉机以后买回来的，是军队里骑兵淘汰的老马，本来打算用它来拉车和耕地的，但不知什么缘故，可能这匹老马年岁太大了，也许我们不会喂养，这匹马不断生病，越来越不能干活。我们都知道，马在家畜当中是比较娇气的一种，一般情况下它是不卧在地上的。一旦卧在地上不起来，就表示它生病了。如果不能及时把它抬起来，就有危险。我们在这个农场劳动时，要不断地用木杠子来抬这匹马。当时张启荣同志负责管马，不管白天或是黑夜，只要张启荣来招呼大家，那一定是要大家去抬马。有时大家正在田里劳动，只要远远地望见张启荣同志叫大家，大家必然嘻嘻哈哈地取笑一番。有人开玩笑，说干脆在“农场”成立一个专门的机构——“抬马小组”。也有人仿照民间故事的套路，编了一个“笑话”，说有一个人用一台拖拉机换了一匹老白马，再用老白马换了三只鸡，用三只鸡换了四个小喇叭……换来换去就把自己的家产换没了。就这样，尽管在这样艰苦的条件下，大家也能找到“乐趣”。

还有一件事，到了秋天地里收白薯，干了一天到晚上收工时，一块地都没有收完，一堆堆的白薯放在地里。当时在三年困难时期，社员们白天劳动，晚上出来到别人家地里去捞点“外财”是常有的事。所以，我们在庄稼未收完的地里总要留下几个人值班。

有一天，我们晚上收工时留下三个人在地头上值班，除了我以外，还有两个同志。那天月亮不亮，我们仨觉得有点“神秘”，于是三人都趴在白薯秧子堆里，期待着有什么“情况”出现。果然不出所料，半夜里有三个黑黑的人影爬到我们地里来，直奔白薯堆而去，背后还背着竹筐之类。这时我们既兴奋又紧张，以为这回可以“抓特务”了。但我们互相说话的声音让人家听见了，三个黑影拔腿就跑。就这么一件事。第二天可不得了，一个人传两个人，两个人传三个人，中间添油加醋，把整个故事编得比福尔摩斯探案还要离奇。

以上就是我对于那三年的点滴回忆。当时尽管生活困难，但大家仍然乐观向上，互相帮助，努力克服困难，没有丧失信心。这三年中我们的主要任务——翻译经典著作——依然按部就班地在进行，没有受到太大的影响。

九、绿化西山

北京的西面和北面都是山区，是太行山的余脉燕山山脉，北京人一般称为“西山”。据说，在古代西山到处都是树木森林。大概到了明代，由于北京修建皇宫和各种寺庙，把西山的树木几乎都砍光了。直到新中国建立前夕，西山只剩下荒山秃岭，一片萧条。新中国成立后，北京市规划要绿化西山，并把绿化西山的任务分配给在京的各中央机关和国务院机关分头逐步去完成。

大概从 1958 年起，我们局开始分到绿化种树的任务。最初分给我们局种树的地区在卧佛寺附近的山上。编译局派了几个行政人员作为常驻人员，当年就住在卧佛寺大佛殿旁边的一个跨院里，我们种树的地方也就在附近的山上。到了 1959 年，各单位种树的地区重新作了调整。我们编译局的绿化地区移到海淀区魏家庄。魏家庄离“亚洲学生疗养院”不远，交通也很方便。就在一条大公路的旁边，坐车到那里去，公路旁有一条往北的小岔道，小岔道直通魏家庄中心的一个高台。高台上有一座破庙，就是我们编译局的造林站。站上有常驻人员，我们全局同志分期分批来这里劳动，挖树坑、栽树苗。这里乍看起来一片荒山，但从长远来看条件不错，山上种植松柏，而山下有不少平地，土层很厚，又有水源可以自流灌溉，我们打算种果树。我记得我们在那里种了不少京白梨树，因为那一带出产京白梨。

我还记得，我们第一批人来魏家庄造林站时的情景。那时好像是在秋天，造林站刚刚起步，一切从头开始。高台上的破庙里，有几间房子已多年不住人了。我们来到这里先是打扫住地，安顿睡觉的地方。

大家一面打扫一面考虑如何防止蚊虫叮咬，因为这么多年无人居住的旧房子，又正值秋天，蚊子肯定非常多。我们来时也没有想到这里的情况，都没有带蚊帐。有人出了个主意：用烟熏。我们在扫好的房子里堆上许多乱草，把草点着，立刻到处烟尘滚滚，连大家的眼泪都熏出来了。熏了足有两个小时，别说蚊子，连人在屋里都待不住。我们想这下子可好了，晚上不会挨咬了。

大家吃过晚饭，回来睡觉，连灯都不敢开。等大家都睡下以后，不到半小时，蚊子便开始进攻了。开始时是少数的零星的嗡嗡声，不久便是“大兵团”围攻，全身上下只要有一点露在被子外面，那里就被咬得奇痒难忍。这可怎么办？只听得一屋子几个人都翻来覆去，没法入睡。可是，大家白天劳动了一天，晚上还非常困。我躺在床上想办法。我把被子盖严了，身体没有一处露在外面，但是脸怎么办？想来想去想出一个办法，我把中山装上衣扣好扣子，整个套在头上。只把一只袖子卷起来，留一个通气孔让鼻子出气，虽然感觉闷一点，但是总算把蚊子叮咬降到了最低限度。

我当时就把这个新发明的“招数”介绍给了旁边的伙伴，他却回答说，他是南方人，不怎么怕蚊子咬。可是到了第二天早晨起床，大家看到这位“南方人”伙伴满脸是疱，于是又成了大家劳动中的一大笑料，若干年后，还有人津津乐道这些趣闻。

到了“三年困难时期”，我们的这个绿化基地已经初具规模，特别是我们栽的那些果树即将结果。大家正等着享受自己的劳动果实，等着分吃水果时，却传来消息，说是我们局为在小汤山地区开创新的粮食和副食基地，把魏家庄这个绿化基地交出去了。大家谈起这件事不时地感到遗憾。

后来，大概是从 1969 年或 1970 年起，我们局又分到了一块新绿化基地，就是我们以后若干年一直在那里种树绿化的蟒山。它就在十三陵水库东侧，山势形如巨蟒，因而得名。几乎整个中直机关各单位都集中在那里搞绿化。当时在十三陵水库大坝的南边不远处，有中直机关设立的一个绿化站，站里有行政管理人员和宿舍、厨房。平时各单位轮流派人来种树，就都住在这个站里，也在这个站里吃饭。每天晚上十三陵风景区的游人散尽之后，风景区就成为我们这些“种树人”的“天堂”。

今天的蟒山已经是国家级森林公园。经过三四十年的绿化经营，今天已经绿树成荫，到处郁郁葱葱，风景宜人，成为十三陵风景区的一个重要景点。但是当年，这里只是一脉秃山。今天的每一棵树，几乎都是当年大家辛勤劳动、汗流浃背种下来的。

当初，绿化站根据各单位的人数，分配劳动任务，规定每个单位一年出多少工，各单位就按照分给自己的任务派人分批来劳动。林场事先有全面规划，什么地方种什么树，甚至什么地方挖多少树坑，间距多少，都作出记号。我们去劳动的人主要是挖树坑。每天吃过早饭，大家背上工具上山，如果是大晴天，那就准备流汗，所以大家最喜欢阴天或薄云遮日的日子。按照定额，每人每天平均应挖4—5个树坑，每个树坑要留下土壤30公分左右。但是具体情况如何，就看你的运气了。如果遇到一片石头地，一个人一个上午可能连一个坑也挖不成。有时作业地区在高高的山头，人背着工具爬上去就得花四五十分钟，到那里干活之前先得休息一下，调整一下呼吸。

我记得蟒山最高的一个山头边上有几块巨石耸立在那里，等我们上午十时左右需要休息时，这几块巨石遮挡而形成的太阳的阴影，正好是我们的休息场所。往往等我们一小群人坐下休息时，我们的绿化站站长就出现了。他是个很好的"鼓动家"，对着我们发表一通"即兴演说"，大谈蟒山的未来前景。我记得，他说多少年后这座蟒山绿化完成了，将建成森林公园，那时将会如何如何美好。有时他说着说着还会说一段"快板"，逗得大家很高兴。等他鼓动完了以后，一回身下山，我们队伍里必有人来一句："听他胡说八道！这不过是哄着我们好好干活而已。"当时谁也没有想到蟒山还真的会变成今天这样的森林公园。

如果有一天下小雨了，那我们的工作内容就变了。我们就趁着小雨去种树。每个人除了背上工具，还要背上四棵小树苗，一直爬到高山处找我们挖过的树坑那里，把树苗种上。因为高处没有水浇的条件，只有趁着下雨时才能栽树。我们从内心深处希望栽的小苗能棵棵成活。当时背着树苗爬到半山腰，雨下大了，整个山上无处躲雨，只好在雨中继续前行。

背后小树根上的泥土随着雨水一直流到衬衣和裤子上。即使这样，我们也像爱护自己的孩子一样，设法在雨中把小树栽下去。当我们在爬山途中看到我们以前栽的小树已经茁壮生长时，心中把什么苦和累都忘掉了。

到了夕阳西下时分，大家从山上下来，回到林站，洗刷完毕，换上一套干净衣服，三三两两去到十三陵水库风景区散步，对一天的劳动很有成就感，浑身上下轻松愉快。这样的劳动也等于是半休养。有时兴致来了，干脆不回林站吃晚饭，只要和林站厨房打个招呼就行。十三陵风景区水库大坝旁边有许多小卖部和小餐馆，可以就近在大坝旁边的小餐馆吃一顿，然后到大坝中央的凉亭上乘凉，海阔天空，一直玩到尽兴为止。

我记得有一年，我们有五六个人就这样“聚会”了一次。五六个人中有男有女，女同志中有新来的张田英同志和别的女同志，男同志中有陈瑞林等同志。陈瑞林同志是讲故事的能手，没有现成的故事也能临时编出来。大家坐在十三陵水库大坝正中央的长方形亭子中，习习凉风从水库中吹来，水库四周渐渐黑暗下来，只有少数灯火闪闪烁烁，四周游人早已散去，整个水库四周好像只有我们几个人。应大家要求，陈瑞林同志开始讲“鬼”故事，他绘声绘色，越讲越吸引人，听的人鸦雀无声，仿佛感觉四周不知什么地方会蹦出个“妖怪”来。听的人越感到害怕越想听，讲的人应邀不断地讲。不知不觉中两个小时过去了。等到大家起身想要回林站时，女同志们都不敢走了。这时男士们就显出了“英雄本色”，先派两个男士走在前面，把女同胞夹在队伍中间，队伍后面再有两三位男士作为后卫，拉成一列队伍，像解放军行军一样，最后大家才回到了林站。这段经历也是我们多少年都忘不掉的。

随着大家年龄的增长，我们到林站劳动的机会越来越少，最后几年我们往往完不成给我们规定的劳动定额，我们局不得不交钱换取部分劳动定额，让站上帮我们雇一些临时工来替我们挖树坑，直到蟒山森林公园建成为止。林站的站长是个“有心人”，从种树一开始，他就注意收集各单位的题词、墨宝，说是准备建一个“绿化碑林”。今天我们到蟒山森林公园时可以看到，满山绿色的森林公园中确实建有一座“碑廊”，碑廊两旁竖立着中直机关各单位留下的植树造林纪念碑。

这些石碑今天看来很有纪念意义，也有一些名人的手迹。例如，有《人民日报》社邓拓的手迹，有著名书法家启功的墨宝等。其中有一块是我们局的植树纪念碑，石碑上面刻的是我们编译局老同志张报写的诗，文字是由编译局詹汝琮同志书写的。这碑很好找，就离邓小平植树的那块碑不远。我有一次去游蟒山公园，把上面的碑文抄了下来。我想抄在这里供大家欣赏，是很有意思的：

卅五年前荒秃地，沧海巨变换新颜。
环保绿化宏图展，植树造林众志坚。
翠海杨波千鸟唱，青岚织锦百花妍。
十三明帝若开眼，疑是乘风到福天。

中央编译局九十一岁张报诗
詹汝琮书
一九九四年夏

前几年有一个秋天，我到蟒山公园去游览了一次。当时游人还不像今天这样多。我在售票处跟人家说，我是中直机关的退休干部，这个公园的树木都是我们年轻的时候种的，我们现在来看看，是不是票价可以优惠。售票员看看我这个“老头”不像说假话，就让我进去了（今天凡持有老年证都可以免票进去，当时还不行）。蟒山公园已经今非昔比，每年秋天整座山岭都是红叶烂漫，并不比香山的红叶差，但可惜的是，它没有香山这么有名。

今天，公园中还建有一座大的弥勒石佛，四周围着十二生肖，有不少游人在那里摄影留念。还有一个登高望远的好去处，叫“望湖亭”。登上望湖亭，四周景色一览无余。

右边是十三陵水库一池碧水，左边是万绿丛中的一山红叶，再加上蓝天白云，真是叫人神清气爽，是一个天然的“大氧吧”。看到这些，觉得我们年轻时总算为绿化首都作出了点滴贡献。

十、江西进贤“中办五七学校”

“文革”期间，编译局在军宣队的领导下，从1969年开始分批下放到江西进贤县的中办五七学校去劳动锻炼和思想改造。“中办五七学校”是中央办公厅各单位按照毛主席的“五七指示”办的，地点在江西省南昌以东不到百里的进贤县，在浙赣铁路线上，与毛主席写诗歌颂过的消灭了血吸虫病的余江县相邻。进贤县在鄱阳湖畔，中办五七学校就是通过围湖造田的办法，在一个湖岔修了一道大堤，将湖水抽干，围垦了几百亩稻田。这个地方名叫“青岚湖”。

我们1969年来时，青岚湖畔已经有中办系统各机关的12个连队分布在那里，我们去了被编为“十三连”。五七学校的校部在县城，从青岚湖到县城步行约需20分钟左右。学校除大部分人员在青岚湖之外，还有一小部分在“红壤山”，那里主要是旱田和橘子树。当时我是编译局第一批去五七学校锻炼的队伍中的一员。由毕克同志带队，樊以楠同志担任连指导员，连长是五七学校派来的，全连共分两个排。袁延恒同志是一排长，我所在的一排一班是马恩室的同志们组成的队伍，编译局的军宣队也跟来几个人，帮助做思想和管理工作。

五七学校提倡自力更生，白手起家。我们来时，学校已经开办一年多，它有自己的制砖厂、制瓦厂、木工厂等，都是由各单位的“五七战士”自己生产建筑材料，自己盖房。我们刚来到学校，暂时借住在十连，学校给我们划了一块空地（地址在铜陵嘴村临湖的一个小角落），派几个校部的建筑队队员做指导，由我们自己建房。

我们一班是十三连的“基建队伍”，每天吃过早饭，就跑去建房。房子的设计图纸是学校统一的，屋子墙壁的下半部用红石砌成。这些红石是从鹰潭的山地开采来的，石质较为松软，打出来一块块建筑材料，质地和红砖相似。建房时先用红石砌一米左右的墙基，再在上面用砖砌墙，屋顶上的洋灰瓦也是学校自制的。通过自建营房，我们马恩室的同志们都在不同程度上学会了建房子的本领。韩文臣同志和陈国雄同志成了打石头的“能手”，他们后来甚至可以在石材上打出花纹和文字来。袁延恒同志和单志澄同志都成了砌砖的“能手”，袁延恒同志专门捡带花纹的砖来砌墙。周雅波同志带几个“小工”专门和泥，供应砌墙用的沙子灰。只要砌墙的人一喊“沙子灰”，小工们就马上送到。结果他们得到一个外号，就叫“沙子灰”。工地上天天嘻嘻哈哈，热热闹闹，颇不寂寞。我们一班经过几个月的努力，在校部建工师傅的帮助下终于建成了营房。

搞完基建之后，我们一班又主要转入“整田”的工作，就是在插秧之前，把已经犁过的田整平，以便插秧。还有别的班负责养牛并学会使用水牛来耕地。有的班主要管稻田中的水，有的班主要管插秧。还有一个菜地班，自己种菜供应全连吃菜。最后还有一个炊事班，负责给全连做饭和养猪。来学校几个月后，我们住进了自己盖的房子，各方面的生活也初步安顿了下来。

江西的春天几乎天天下雨，我们北方人不习惯，下雨也成了使我们思想“革命化”的手段。平时不下雨的时候，一般情况下大家都在家里学习文件或者开小组会。一旦下雨，连长就吹哨子集合队伍，下地去“修田埂”。

早春天气还比较冷，大家一般上身穿一件棉袄，外面套一件塑料雨衣，腰间系一根麻绳，下面却穿一条短裤。这样的一队劳动者，当地老乡看了都好笑。当地老乡告诉我们，现在修田埂为时太早，当地人一般都是4月份插秧前才修田埂。再说，下雨的时候也不能修田埂，因为干土都变成了稀泥，挖起来放到田埂上也待不住，修不成田埂，是白费力气。

还有就是用人拉犁来耕地。围湖造田的地块里都是湖泥，土地非常软，拖拉机开进地里去犁田，经常陷在泥里。在这种情况下，大家就需要费很大力气，才能把拖拉机从泥地里拉出来。有的时候拖拉机陷在泥里，越挣扎陷得越深，最后趴在泥里等待大家用人力把它拉出来。不管是白天或是夜里，有时大家正在吃饭的时候，只要听到田里有人喊：“快来拉拖拉机呀！”大家就得放下饭碗，马上跑到田里去救急。把一条钢丝绳拴在拖拉机前挡板上，然后，一二十个人站成一排，就像跟拖拉机“拔河”一样。只听一声令下，“一、二、三！”拖拉机司机和拉车的人配合，众人一齐用力，司机同时打火开机，配合好了就能把拖拉机从泥地里拉出来。像这样的田地，拖拉机不但没法犁田，而且在田里留下许多大坑就走了。凡是这样的田地，事后都得由人拉犁来耕。

我们连里也有几头水牛，本来也可以让牛来犁田，但不知哪位“高明人士”出主意，说是人拉犁耕地最为合适。每一架犁前边五六个人用绳子背在肩上拉，后边一个人扶犁。田里放水以后，人进去来回走几趟，水都变浑了，拖拉机留下的大水坑也看不见了。拉犁的人上半身穿一件棉袄，下半身穿一件裤衩，拉着拉着，就听得“噗通！”一声，有人就掉到水坑里了。然后大家哈哈大笑，笑完又继续拉犁。每天干完活回家，总有几个人沾满一身泥，棉袄湿了没关系，晚上用火烤一下，第二天继续穿。围湖造出的稻田，是原来的湖底。土质极其肥沃，三年之内不用施肥，也能丰收。但是有一个问题，就是泥土里贝壳非常多。我们去的时候已经是围湖的第二年，绝大多数贝壳都已破碎了。这些破碎的贝壳埋在泥里，就像小尖刀一样。我们光着脚在泥里作业，脚不时被贝壳割破。全连被割破的人越来越多。开始时大家还大惊小怪，考虑是否包扎一下。但包扎了以后就不能下水干活了，不包扎又怕在脏水里被感染了。处在两难的状况下，大家也就听之任之了。奇怪的是，许多人的脚伤过几天就会自己痊愈，这真是奇怪。后来大家似乎明白了，江西这里是红壤土，水是酸性水，可能这种水土本身就有消毒的作用，也未可知。有的同志就提出一个口号：“水中负伤，水中愈合。”但是有的同志刚愈合没几天，脚又被割伤了。人们就是这样反复受伤，反复愈合。后来我想了一个办法，每次下田以前穿上一双军用胶鞋。有一天，我的一只胶鞋陷在泥里，怎么也没有找到，直到第二年翻耕土地，同志们才把这只鞋找到还给了我。

江西这个地方的天气和北方不一样。夏天奇热，蚊虫猖獗，气温四十度以上的日子长达半个月以上。夏天晚上开会，每个人都抹上防蚊油，会议只要超过两个小时，会场里人就都坐不住了。主持会议的人都知道，无论开多重要的会，一般应当在一个半小时左右结束。会议只要开到一个半小时以上，会场上的人就开始坐卧不安，骚动起来，这也是五七学校的一件趣事。在江西这里，天气最热的时候，也是农活最忙的季节。当地叫“双抢”，即抢收、抢种，抢收早稻、抢插晚稻。天气热得让人白天吃不下饭，晚上睡不着觉。中午吃饭时，只能米饭加冰棍。晚上直到半夜三点钟，才能睡着觉，第二天清晨五时半又下地了。中午水田里的水温度比晚上洗脚的热水还要烫。直到下午三点以后，人们才能下地干活。在这样的条件下，几个月下来人变得又黑又瘦，每个人都减了七八斤体重。所以在我的印象中，江西农村几乎没有胖人。每到双抢时节，局里总是要派一些同志来五七学校参观，一方面帮助双抢，另一方面也是为了来这里短期地体验一下生活。我还记得，头一年局里来了一批同志，热情很高，下地半天，就有两位同志“中暑”。

我们不但种水稻，学校在红壤山还有好几个荒山头，可以种橘子树。春天的时候，学校动员全校的人力齐集在红壤山，买了许多橘子树苗，把整座整座的山头都种满橘子树。我至今还记得，当时学校生产组的领导在动员大家的时候说，我们今天把荒山种满了橘子树，再过三五年这些小树长大结橘子的时候，一到秋天，橘子全部采摘下来，一下子就是多少万斤，到时候全部堆积在红壤山火车站上，火车站放都放不下。当时他说了一句大话，说再过三五年我们学校将带头扩建红壤山火车站，以便把这些橘子都运出去。我们当时听了，心情振奋。干起活来特别带劲。可是橘子树是种下了，但从那以后直到我两年后离开五七学校回到北京，再也没有听说橘子树的消息。我估计大多数都夭折了。我想那些荒山如果能种橘子，当地老乡早就种上了，还要等我们来种吗?

五七学校里知识分子成堆，趣闻当然也就不少。当时各个连都按解放军的编制，各方面的生活也都学解放军。最有趣的是半夜紧急集合和学毛选讲用会。事先解放军先教大家如何打背包，而且都是在没有灯的情况下摸黑进行。当学得差不多了，忽然有一天半夜三点吹哨子紧急集合。有些上了年岁的老大姐，实在跟不上连队的节奏，也就把背包捆得松松垮垮。匆忙集合完毕，天上下着小雨夹雪，整个连队在小雨雪中跑步前进，跑不到二三百米，老大姐身后的背包就松开了，牙刷、牙膏、被子和衣服掉落一路。回到营地，队长让大家面对面检查评比，结果总是会引起一阵哄堂大笑。

再有就是活学活用毛主席著作讲用会。各人都结合自己的体会讲收获。别人的讲用内容我都忘了，就是沈渊同志的讲用我还记得。沈渊同志工作踏实，双抢期间他负责给大家烧开水。他全身上下只穿一件小裤衩，全身晒得青铜色。但工作非常负责，双抢期间开水从没中断过。在毛选讲用会上，他说，水和火本是不相容的，是对抗性的矛盾，因为把水浇到火上，火就会灭。但是，他在烧锅炉的时候发现，如果把少量的水浇到火上，火反而会烧得更旺。他认为这就是因为火把水蒸发了，把水变成了氢和氧，可以助燃，所以火就更旺了。他这一番讲用，受到了军宣队的表扬。沈渊自己也很得意，见人就说这一套。

春耕以后，连里的水牛就都闲下来了。牛班的同志们就到野外草地上去放牧。鄱阳湖畔，绿草地到处都有。他们把牛带到那里，把缰绳摘掉，任由牛自由自在地吃草。

草地上长满了野栀子花，香远益清，令人心旷神怡。丁世俊同志在这种场合往往诗兴大发。一个人躺在大树荫凉的地方，作起诗来，口中念道："打开红宝书，绿原闪金光！"这简直是一幅田园诗的画面！

牛班还有一两位"能人"，屈洪同志就是一个。他会做木工活，他想，北方的牛可以拉车，南方的水牛是否会拉车呢？他自己为水牛做了一辆木板车。做好以后，他让牛拉着去赶集。女同胞们委托他代买许多东西，有牙膏、肥皂、洗衣粉、卫生纸什么的。他把各种各样的日用品买了半车，然后让水牛拉着回家。半路上有一条小河。当时天气正热，水牛在过桥的时候，一头扎进水里，把车上的日用品都拉到河里去了。这也是北方人到南方以后闹出的笑话。

我们在五七学校，第一年还有机会去革命圣地井冈山参观学习了一次。当时我们沿着毛主席秋收起义后带着红军队伍上井冈山的路线，一站站地参观学习。先是到了三湾。当年毛主席带着队伍进入井冈山的第一站就是三湾，在三湾广场的一棵大榕树下，毛主席把红军队伍进行了改编。

然后第二站就是宁冈的龙江书院，在那里毛主席领导的秋收起义的队伍和朱德、陈毅领导的队伍会师。至今龙江书院的墙上仍留有当年红军用毛笔写的标语，龙江书院下面的大广场叫做“会师广场”，就是当年两支队伍召开会师大会的地方。今天我们看到有一幅油画表现朱毛会师井冈山，画面上画的是朱毛在山头上相向而行，互相握手，其实那是想象的画面。当年会师虽然在井冈山里面，但不是在山头上，而是在一个大广场上。身临其境的感受和头脑中的想象大不一样。

再进去就是茅坪，全村是长条形的，中间一条大水沟，水沟两岸都是住房，毛主席住的八角楼就在这里。王佐和袁文才改编的部队也都在这里。再往山里走就是茨坪，井冈山的中心。四周环山，中间一小块平地，当年是一片稻田，当时革命领导人和枪械修理厂都散布在四周山脚下。当时茨坪住着这么多人，单靠那中间的一小片稻田显然粮食不够吃。茨坪四周山上有五大哨口，地形非常险要。有的哨口设在上山的人行小道旁，人行小道只能走一个人，下面就是万丈深渊。遥想当年，只要在哨口上放上一两个人守卫，敌人上来以后，只要用木棍一捅就可以把敌人推下山去。

在五大哨口中，当然是黄洋界最为险要。站在黄洋界哨口上往西望去，一条弯曲的路从湖南直接通向井冈山。敌人来了，早在十几里地以外，哨口上就看到了。今日的黄洋界哨口上，绿树成荫，竹林密布。但是从展览室的旧照片上可以看到，当年的黄洋界上没有一棵像样的树，整个山头光秃秃的。偶尔只能见到一两棵半截的树桩。那是因为反动军阀多次烧杀，把井冈山烧得片甲不留。

除了茨坪，井冈山还有一个大井（村）和一个小井（村），大井有毛主席的旧居，门外有一块大石头，据说毛主席当年每天早晨坐在那里读书。小井则有一座很简陋的红军医院和两座大的红军坟墓。据说当年反动派进入井冈山，小井医院里住院的几十名伤病员没有来得及撤退，都被杀害了。小井红军医院很简陋，看样子也是解放后重新恢复的，只是几间竹楼而已。

我想起在50年代，我们局在把《毛泽东选集》翻译成外文时，当时真的不知道井冈山到底有几所医院。因为在把中文翻成外文时，一定要弄清楚医院究竟是多所还是单所。为此我们曾到处去向老同志打听。看了以后才知道，其实整个井冈山就是小井那里有一所简陋的医院。

我们这次去井冈山参观学习，受到了很大的教育。真想不到在那么艰苦的条件下，革命火种不但保留下来，而且不断发展壮大。当时井冈山还基本保留着原来的面貌，不像今天到处都重新修缮过了。例如，今天茨坪中间的稻田没有了，开辟成了一座公园，中间的湖水里还能划船，不是原来的样子了。

井冈山一片葱绿，山重水复，确实是打游击的好地方。在井冈山各山头间藏上几千名游击队，别人肯定连影子也找不到。好的地形就能顶雄兵百万。郭沫若登上井冈山以后，留下一句名言："井冈山去后，万山不思游！"说得真好！

青岚湖是鄱阳湖的一个分支，它一年四季变化无常。春季的时候是它的汛期。江西的冬天，天天下雨，一直到五一节才算放晴。所以青岚湖春季的汛期是很惊心动魄的。整个湖水上涨到极高水位，有时只离大坝的顶端一尺左右。这时我们五七学校就进入了防洪灾的紧急时期。各个连都要派出紧急小分队，日夜到大坝上守护。

我们一班常常被派去担任此重任。小分队登上大坝，但见湖水波浪翻滚，湖水和天空一片灰色，水势无边无际，天上下着小雨。形势确实有点恐怖。在风浪的打击下，大堤临水面砌着的护堤用的大洋灰砌块一片片地飘落到水里去，这时我们就得把它们捞上来重新装好。我们生怕水大漫过大堤，那我们的家园就完了。我们每天傍晚从家里出发去大堤值夜班时，就像战士上战场一样。留在家里的人，对我们都投以敬佩的目光。当时真的有点像“风萧萧兮易水寒，壮士一去兮不复还”的心情，场面无比悲壮。

到了秋天，可以说是青岚湖畔最美的季节。鄱阳湖里水平如镜，再也不像洪水季节那样汹涌澎湃。偶尔有几艘船驶过来，扬起风帆，无比壮观。湖畔的枫树在蓝天白云之下红得透亮。这时就到了我们收割晚稻的时候。

五七学校为每个连队请了一位当地老农来教大家种水稻。我们连的老师姓魏，我们都叫他“魏老师”。他不会说普通话，刚来时大家也听不大懂他说的话，经过将近一年的相处，我们也渐渐能弄懂他的一些话了。劳动中间休息时，大家坐在田边地头，回想一年来的劳动锻炼，从春天犁田、插秧、锄草，直到最后收割和打场，大家基本上掌握了种水稻的全套操作。时间不长，不到一年时间，学到了不少本领，思想上也有变化。起码对像魏老师这样的农民，从内心深处充满敬佩。想到这里，我们也想了解一下魏老师对我们如何评价。我们就问：魏老师，你看我们干的活怎么样？魏老师充满皱纹的脸上露出一丝微笑，说了一句江西土话：“呀霍伊。”翻译成普通话就是“还可以”。这就表示“魏老师”给我们打了一个“三分”，算是“及格”了。

第二年，我被调到炊事班担任班长，连队领导考虑到我虽然有工作热情，但非常缺乏管伙食的本领，就给我配备了一个又懂行又能干的副班长暨永利同志。暨永利同志在旧社会是苦出身，靠卖苦力为生。解放后多年在中南海当公务员，几乎什么都会干。我自己什么都不会干，只有团结全班同志，依靠大家，发挥大家的积极性，才能把我们连的伙食办好。在做菜方面，就要依靠我们从局里来的唯一的正规炊事员张新生同志，只有调动了他的积极性，才能不断地改换饭菜的花样。而要改善炒菜的花样，又取决于供应的菜要多样化，取决于采购员在市场上买到什么材料。卫生工作主要靠马露霞同志，她在编译局内是有名的卫生模范，她现在分到我们炊事班，主要就是为搞好卫生工作而来。连队每月可以吃一头猪。但这头猪从喂肥到屠宰、收拾，直到做成各种熟食，我完全是门外汉。这方面完全依靠暨永利同志。在我看来，杀猪吃肉这项操作实在太复杂太难办了，而在暨永利同志那里，一切都办得井井有条。

我认准了一条，千方百计发挥大家的积极性。我们坚持每周开一次会，总结经验，表扬好人好事，同时让大家出主意想办法，订出下周的食谱，然后分头去干。至于我的具体工作，等于是个“打杂工”，哪里需要人手就往那里去。这样干了几个月，连队的伙食果然有所改进，受到表扬。

例如，在炊事班工作的张德顺同志虽然不是专职炊事员，但他做的面食特别好。我们就发挥他的积极性。他会烙葱花油饼，但用煤火烙不好，必须用柴草做燃料。平时没事的时候，我就到场院边上和地头上去收集可做柴烧的秸秆。等别的连队来支援我们连收割时，我们就支起大锅，烙葱花饼夹猪头肉。兄弟连队的五七战士们最爱吃我们十三连的葱花油饼，到处为我们宣传。

由于我们大家共同努力，十三连的炊事班有两项成绩全校皆知。第一，就是我们食堂的卫生几乎每次都受到校部的表扬，多次成为全校的“卫生模范”。第二，就是我们厨房做的“葱花油饼”，也是全校闻名。而对我来说，炊事班的工作是一个全新的领域。我在炊事班工作了半年时间，学到了知识，学到了本领，特别是学到了像暨永利同志这样的劳动者本色。

在厨房炊事班工作，也有不少趣事。为了改善伙食，我们养了好几十只鸡，其中不少是优良品种的“来亨鸡”。这种鸡一身白羽毛，通红的鸡冠，非常漂亮。这种鸡能飞，平时都能飞到屋顶上去，站成一排。等到收工的队伍回到营房时，这些鸡就从屋顶上飞下来，场面很壮观。其实是它们习惯了，因为往往这时候会给它们带来饲料。但它们是“无政府主义者”，给它们修好了产蛋的鸡窝，它们也不去，它们自己到处找地方下蛋。在我们厨房后面有一个大煤堆。有时我们去取煤时，会随着煤流下许多鸡蛋来。更有甚者，这些鸡竟然跑到女同胞的床上去下蛋。有时女同胞们下田去了，可是屋门没有关，有的人床头上、枕头旁放着一叠报纸。这时，这些来亨鸡就专门飞到床上，把床头上放的一大叠报纸蹬乱了，当作临时鸡窝，把蛋下在报纸堆里，同时在干净的床单上踩出许多鸡爪印来。女同胞下田回来看到以后又好气又好笑。她们把鸡蛋给厨房送来，可是我这个炊事班长还不得不向人家道歉。

江西这地方有许多野生的八哥，它们像北方的麻雀一样到处飞来飞去。这些像小乌鸦一样的小鸟很可爱，但有时也干出令人“可气又可笑”的事情来。这些小鸟特别爱洗澡。女同胞们上午下田去的时候，往往用脸盆打一盆水晒在太阳底下，等到晚上回家以后，水就晒温暖了，可以用来洗脸洗脚。所以，每天女同胞们下地去以后，宿舍门前摆了一排水盆，但小八哥们发现了这些水盆以后，可就热闹了。它们一边欢叫一边在水盆里洗澡，把盆里的水泼洒一地，剩下半盆水里也留下不少鸟的羽毛。女同胞们不时遭到这种“灾难”，她们对此也哭笑不得。

1970 年底，我在五七学校里共锻炼了两年，然后就轮换回局了。从此以后，局内每年都轮换一批同志来学校锻炼。本来说好，我们再过几年还要第二次来五七学校学习，并且从此不断地轮换。我们局确实有同志第二次去过五七学校，但是我因为工作需要没有再去。

五七学校这种形式今天看来被否定了。但是我觉得至少有一条好处，就是可以打掉“官气”。我们局的王惠德局长，据说在延安时是很活跃的男中音业余歌唱家，他的嗓音确实非常好听。但是新中国成立以后，来到北京当了“官”，再也不唱歌了。可是，他和大家一同到了五七学校，和大家一齐睡双层床铺，和大家打成一片，做一个普通五七战士，又恢复了唱歌。从五七学校回局以后，王惠德同志一遇到联欢会之类的集体活动，仍然和大家一道唱歌，恢复了他延安时期的面貌。这不也是很好吗！

十一、参加《资本论》翻译

《资本论》的翻译要求有一定的政治经济学理论的基础。1952年，我在俄专学习的第三年，学习过半年的政治经济学的课程。当年我的启蒙老师，就是后来理论界知名的邢贲思教授。由于学习时间较短，又是第一次学习，我没能打下比较牢固的基础，但这门学科却引起了我的兴趣。

我来局以后，正赶上全国学习苏联《政治经济学教科书》的高潮。我又在中直夜校认真系统地学习了一年《政治经济学》课程。这次学习收获比较大，获得了政治经济学的系统知识。那时在夜校讲课的，都是中央党校的老师，讲课引人入胜。讲课速度不快不慢，非常适合作学习笔记。我学得很认真，也很有收获。正是在这次学习的基础上，我参加了由毕克同志主持的《政治经济学教科书》第二版中译本的修订工作。后来我还为编译局的《学报》写了一篇评介该教科书第二版的文章。这些学习和工作，为我后来从事政治经济学方面的翻译和研究工作打下了基础。

1955—1956年期间，编译局请来了苏联专家图尔琴斯教授。他是经济学硕士，他的专业就是研究《资本论》。来编译局之前，他是苏联马列研究院马恩室的副主任，刚负责译校完《马克思恩格斯全集》俄文第二版中的《资本论》第一卷，就来到北京。

来北京之后，编译局邀请他为大家系统地讲《资本论》。我们向他提出的要求是，这次讲《资本论》可以比《政治经济学教科书》的理论更深一些，因为听众一般都学过《政治经济学》的课程，除了系统地讲述《资本论》本身的理论体系以外，还可以把自己研究的成果和收获介绍给我们。对这次讲课，无论局内和局外的人们，都寄予较大的希望。因为这是新中国成立后第一次请外国专家讲《资本论》。听众当中，除了本局的同志外，还有北大、清华的十几位教授。当时规定，每周讲课一次，每次半天时间。

局里对这次讲课很重视，事先做了充分的准备。局领导选了五个人轮流做口译，我也被选为口译者之一。其余四人都是我的“学长”，资格比我老，他们是任田升、赵仲元、荣敬本和张奇方。他们有的是从编译局的前身俄文编译局转过来的。早在俄文编译局时，他们就有一个《资本论》学习小组，在何匡同志主持下自学过《资本论》理论。五个人当中只有我“资格”浅，所以我自己感到压力很大。好在我们五个人轮流上场，把我排在最后一个，我可以从别人身上学习和吸取经验。局里安排我们除每次由一个人担任主要口译外，其余四人要拿着字典坐在旁边，以便口译者遇到不懂的生词，可以及时从字典上查找，并给译者作提示。虽然做了这样充分的准备，但第一堂课就没有翻译好，可以说把事情搞“砸”了。

第一堂课，听众坐满了一屋子，由专家讲“商品和货币”问题。师哲局长亲自坐在听众席最后一排，闭眼静听。

翻译是由我们当中最有实践经验的同志担任的，他平时参加口译的机会较多，不过没有翻译理论课的经验。他认为专家讲什么他就译什么，也不会有太大的问题。殊不知，理论课讲课的口译和日常生活中一般的口译有很大不同。日常生活的口译只要把主讲人的意思翻译出来就可以了，但是理论课讲课有内在的逻辑联系，只把主讲人说话的意思译出来还不行，口译者必须把主讲人讲的理论逻辑联系也译清楚。主讲人一段一段讲下来，理论层次是很清楚的，但译者随便翻译，以为把意思译出来就可以了。

结果，一堂理论课下来，由于译者没有译好，变成了好像一堂“漫谈会”，让人听得似是而非，得不到要领，听不出理论层次来。讲课中还有一个插曲，专家讲到商品价值和价格时说，每当一种新商品刚一生产出来的时候，价格是很高的。一旦后来生产多了，在市场上普及了，价格就会降下来。专家接着举了一个例子，说例如 ×× 药品就是如此。这下子就给译者出了“难题”，他不知道这个外文词是什么药品。我们几个人在旁边赶忙查字典，但怎么也查不到。正在大家手忙脚乱之时，师哲局长在后面发话了，说这是“阿司匹林”。局长听完这堂课之后直摇头，很不满意。

第一堂课讲完，等专家退席以后，师哲局长把听众留下来征求意见。大家反映，专家讲的内容没有听太清楚，好像理论条理不够分明。局长当场指出，今天专家讲课的内容很清楚，毛病就出在译者随便译，没有把理论的系统性和逻辑层次表达清楚。他当场批评了翻译，说译者事先准备不够。他当场指出，以后口译者事先要做好准备，在讲课以前，就要把专家准备讲的有关篇章的系统理论学习好。只有这样，才能在课堂上把专家讲的内容翻译好。这第一堂课，对于我们来说，是一次极深刻的教训。

从这以后，我们每次上课以前都要做好准备，下苦功夫钻研《资本论》。我们自学时，主要以苏联卢森贝写的《〈资本论〉注释》这本书作为辅助读物。这本辅助读物给了我很大的帮助，它帮助我清楚地理解和掌握了《资本论》每一章节的理论逻辑体系。我一边学一边作读书笔记。特别是对自己将要负责口译的那些篇章，几乎可以把其中的要点背下来。这样，专家讲课时一开口，就能知道他要讲什么内容，翻译起来也就比较顺畅了。专家的讲课逐步地走上正轨。我通过这一年多的口译工作，自己也认真通读了一遍《资本论》，对《资本论》的理论体系有了了解。这段经历对我以后从事《资本论》的翻译工作帮助很大。

1956 年下半年，编译局成立了经济室，由何匡同志担任室主任，并把局内比较熟悉经济学的一些同志集中在这个室，主要任务就是译校《资本论》。全室设立两个组即翻译组和资料组。翻译组共五人，其任务是根据《资本论》俄文版的原文直接译成中文。资料组人数比较多，其任务是为《资本论》做注释和译名统一等各种资料工作。

当时我国通用的《资本论》版本，是郭大力和王亚南的译本（简称郭王译本）。这个译本是从德文原文翻译成中文的，是我国《资本论》三卷的第一个全译本，在这以前的译本都不是全译本。郭王译本在我国马列主义传播史上占有重要地位，我国老一代的经济学家基本上都是通过研读这个译本成长起来的。但现在看来，这个译本理论内容不错，但文字显得比较老旧，带有我国30年代的文风，有的地方半文半白。读者经常反映，说《资本论》的文字不好读，有的地方的译文甚至影响了内容的理解。另外，这个译本由于当时主客观条件的限制，许多资料不够完备。现在经过了这么多年的发展，我们的新译本理应更加完善。根据这种情况，我们想我们的任务主要应该是使《资本论》的译文更加“现代化”，搞出一个使读者好读的《资本论》版本来。当时局内几乎没有懂德语的人，所以只好根据俄文版进行翻译。

翻译组共五个人，其中四个人（任田升、陈国雄、荣敬本和我）直接从俄文翻译，最后由何匡同志定稿。先从《资本论》第一卷开始译校。译校的程序是，先从理论上集中学习每一章的理论。学完理论后，便把旧译本放在一边（为了避免受旧译本的影响），四个人每人分到一部分正文，直接从俄文原文翻译成中文，翻译完之后，两个译者互校，最后由何匡同志定稿。然后即时打印出来，把打印稿分期分批地分发到社会上各有关单位征求意见。这样的翻译工作，直到1957年5月左右，基本上译完了第一卷。

此后，经济室解散，人员和任务都合并到马恩室经济处去了。第一卷收尾工作是由马恩室经济处于1959年完成的。第二卷和第三卷的译校工作，则是由马恩室经济处以郭王译本为底本按俄文原文译校的。因此，应该说，原经济室按照俄文版新译的第一卷译文可以代表我们当时的新译文的特点。

现在看来，这一次从俄文版翻译《资本论》，只能说是我们的一次“练笔”。社会上反馈回来的意见，认为我们的译文确实好读了，但缺点是有的地方通俗得有点“过头”了，过于简明，以致有的地方偏离了原意，有的地方的译文甚至不够准确。例如，《资本论》第一卷现在的译文的第一句话是“资本主义生产方式占统治地位的社会的财富，表现为‘庞大的商品堆积’”。但是，当时为了“通俗”起见，我们曾一度想把这句话译成“资本主义生产方式占统治地位的社会里，财富表现为‘一大堆商品’”。这样译法现在看来显然是不妥的。

还有一个例子，关于资本会生出剩余价值这句话，马克思曾形象地写作“资本会生仔”，而我们当初的译文是“资本会生娃娃”。“生娃娃”这句话不是标准的普通话，而是四川的土话，如此等等。现在看来，《资本论》这部伟大的理论著作如果都译成那样，显然是不合适的。而且最根本的一条是，学术界认为像《资本论》这样重要的经典著作，无论如何应该从德文原文来译，不能从俄文来译。

张仲实副局长就亲自告诉我们，说有的学者当面向他提意见，认为编译局译的《资本论》不能依据俄文版来译，只能依据马克思的原著文字即德文版来译，只有这样才有权威性。更何况我国通行的《资本论》的郭王译本本来也是从德文翻译的。

1960年以后，马恩室的情况发生了变化。经济处增加了一批翻译力量，同时编译局1957年派往民主德国马列研究院进修的五位同志（宋书声、籍维立、周亮勋、薛中平、周家碧）学成归来。编译局有了懂德语的人才，开始有了从德语译校马恩著作的条件，而且进修归来的周亮勋和薛中平二位同志分配到了经济处，周亮勋同志担任了经济处的负责人。

1961年中宣部副部长许立群同志担任了编译局局长，王惠德同志担任了编译局常务副局长。马恩室主任是宋书声，副主任樊以楠兼管经济处工作。王惠德同志来局前担任中宣部理论宣传处处长，他也是研究《资本论》的专家。据说，他在延安时期就因为学习《资本论》而受到过毛主席的关注。新中国成立以后，《红旗》杂志上几乎每期都刊登有王惠德和于光远合写的讲解《政治经济学》理论的讲义，在理论界很有影响。王惠德同志来局后对马恩室经济处的工作作出了重大调整。他和大家讨论，决定经济处暂停工作，全处突击学习德语，将来从德语直接翻译《资本论》。他还指出，马恩室将来都将转入从德语翻译，经济处是先行一步。

我记得，在局领导作出这一重大决策之前，王惠德同志亲自参加过马恩室经济处的多次座谈会，听取意见。座谈会中同志们提出了许多翻译中的原则性问题，王惠德同

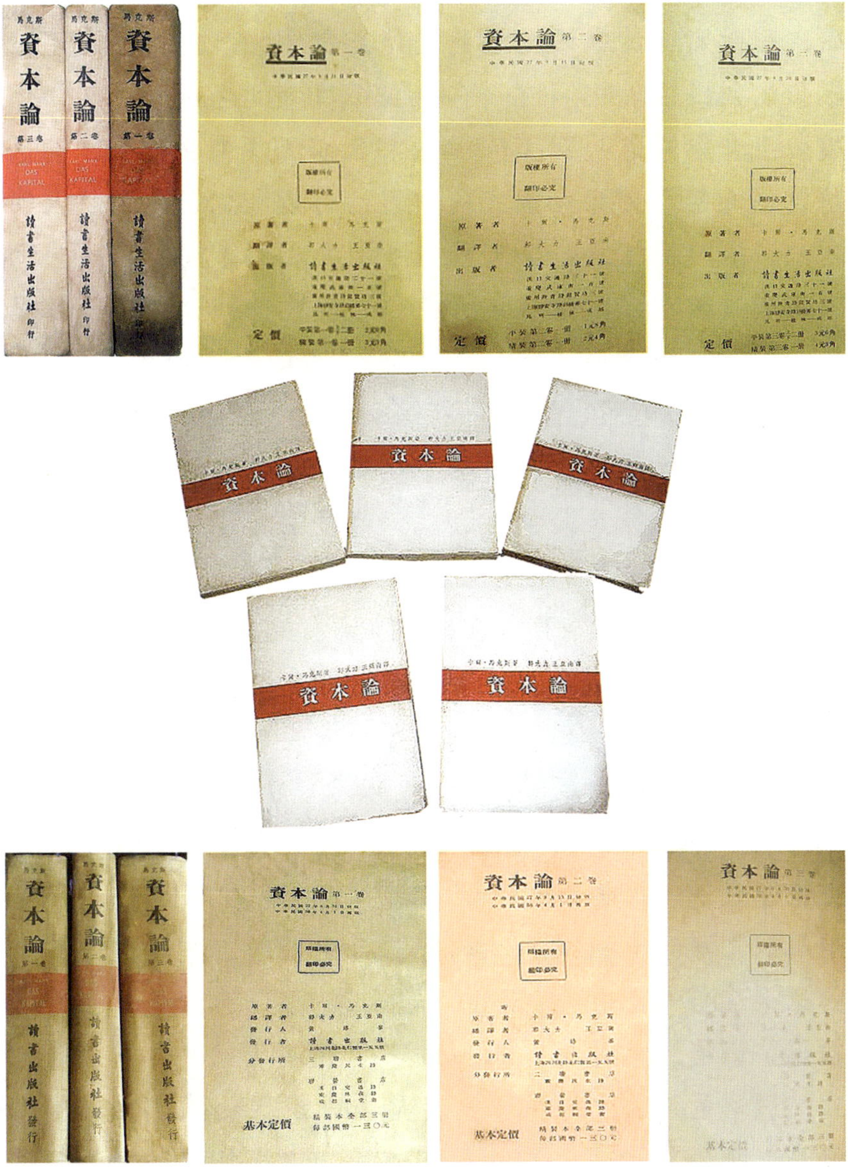

郭大力、王亚南翻译的《资本论》部分版本

志一一作答。

当时讨论的很多内容我已经忘记了，只还记得点滴情况。比如，在座谈会上，有人提出，马克思在《资本论》中有一个地方写道：“两个价值相像就像两个鸡蛋相像一样。”这是一句德语谚语。俄文版中把这句话译成了一句俄国谚语“两个价值相像就像两滴水相像一样”。我们原经济室的打印稿也沿用了俄文版的译法。但俄文的译法似乎也给了我们启示，好像这句话也可以译成我国人民熟悉的谚语，例如“两个价值相像就像一双筷子相像一样”等等。这个问题涉及翻译标准问题。对这个问题，王惠德同志当场明确回答说：德文原文是什么，就应当如实地译成什么，这才叫忠实于原文，读者也才能了解原著的本来面貌。

还有人提出，马克思在《资本论》德文版中，多次使用“对象性”、“对象化”这样的哲学名词。这是从德国古典哲学中沿用的说法，但是别国人不好懂。马克思自己在法文版《资本论》中就把“对象性”改成了“现实性”，把动词“对象化”改成了“实现在……”等等。俄文版在许多地方也改译成了“物化”，因为“物化”也比“对象化”好懂些。那么我们中文版应当怎样译呢？王惠德同志回答说：德文版原文是“对象性”，中文版就应译成“对象性”。他并且指出，读者一时不懂，以后读多了就懂了。他还说，各种外文版本的译法可以帮助我们理解原文的意思，可以参考，但不能把他们的译法直接搬到中译文中来。通过这样的讨论，我们明确了为什么要从德文原文来翻译，特别是明确了翻译的标准是什么。这为我们以后从德文版译校《资本论》奠定了基础。

接着经济处全体同志停下工作，突击学德文，由周亮勋同志主持学习。实际上，大家在这之前，都不同程度地接触过德文，局里过去也举办过德语学习班，但大家都没有系统地学习过。这次大家采用多快好省的办法，先从德语语法学起。我们找到一本苏联为他们的中等技术学校的学生学德语而编写的俄文版德语语法作为教材。因为我们都学过俄语，俄语的语法和德语的语法有许多相通之处，许多名词也相同，所以学起来并不觉得很难。

每天上午由周亮勋同志讲课，下午复习时由薛中平同志担任辅导。然后，在学习完德语语法的基础上，又学习了几篇德文的政治经济学著作，用俄语课文和德语课文对照来读，掌握起来效果较快。这样，经过半年多时间，大家基本上掌握了德语语法，也掌握了一定数量的政治经济学方面的德语词汇。大家于是就可以借助字典和俄文译文逐步读懂德文经济学的原文了。开始时一般普通的句子可以看懂，稍为困难一些的句子还得由辅导老师帮助。除辅导老师外，还可以查阅外文（俄文、英文、日文）等版本作为参考，帮助理解。

突击学习德语语法半年以后，经济处转入半天工作半天进修德语的阶段。所谓“工作”，实际上是通过集体校订来继续提高和巩固学习成果，为以后正式从德文翻译和校订工作来“练兵”。大约从1962年起，经济处开始集体译校

《政治经济学批判。第一分册》作为练笔。工作程序是，第一步是学习，弄清这一著作每一章的写作背景、理论意义以及理论结构和章节系统等。然后全处分成两组，每组分到一部分正文，大家坐下来一起共同解读原文的语法关系和含义。然后每个人都单独作出译文方案，在每个人做出充分准备的前提下，再开小组会集体讨论，一句一句地讨论每句话应如何译。每组把讨论结果形成小组定稿，两个小组再互校，最后由周亮勋同志定稿。

例如，在原译文中讲到货币流通手段的时候，有一段话是："在伦敦最热闹的大街上，商店一座挨着一座，橱窗中陈列的世界各地的财富各种各样，有印度披肩、美国手枪、中国瓷器、巴黎胸衣、俄国毛皮……"在讨论这段话的时候，没有发现任何问题，译文意思都对。结果有位同志说，这句话可以译得更美一些，他提出可以改为"商店鳞次栉比"，"世界各地的财富琳琅满目"。大家一听认为方案很好，于是就把译文改进了一步。

当时我们集体校订就是这样进行的。《政治经济学批判。第一分册》单行本不只有一个译本。早在30年代就有郭沫若的译本。新中国成立后又有新的译本，译者是徐坚同志，他在经济出版社工作。他的译本质量本来就比较好，文字也比较新。我们的校改只不过等于"锦上添花"。我们把校改后的定稿请徐坚同志最后审阅和认可。为此，我们曾先后多次带着译稿到经济出版社找他一道讨论。徐坚同志和我们建立了深厚的友谊。他也承认，由于我们集体的智慧，我们定稿的译文确实比他一个人原来的译文质量有所提高。对原著中的许多重要段落，我们都经过集体讨论。

在《政治经济学批判。第一分册》的《序言》中，马克思对他的唯物史观作了经典表述，对这篇《序言》的翻译我们非常用心，简直可以说做到了“字斟句酌”。这篇《序言》的理论太重要了，译文最后还经过王惠德同志亲自参加的局长定稿会议讨论才算完成，现在《马恩全集》中文第一版第13卷所载的《序言》中那段关于唯物史观的经典定义，就是经编译局局长定稿会议最后敲定的。

经过这次突击学习德语，再加上集体译校《第一分册》作为“练笔”，到了1963年，经济处同志们初步达到了从德文原文译校经济学著作的水平。当然需要集体互助，并借助各种资料。1963年起，经济处正式转入了从德文译校《资本论》的工作。这是编译局翻译《资本论》的一个崭新阶段。如果说1956年经济室成立时从俄文译《资本论》是我们的“练习”阶段，那么现在转入从德文原文译《资本论》，才算是“正式”翻译阶段。这时时间已经过去七八年了。

经济处当时分成两个组。第一组由周亮勋同志主持，负责译校第一卷，第二组由荣敬本同志主持，负责译校第二卷。当时决定，前两卷译校完成后，全处再合并在一起共同译校第三卷。我当时被分配在第一组，参加第一卷的译校工作。根据我的记忆，《资本论》第一卷第一章“商品”，也是经过集体讨论才定稿的。虽然已经有一个从俄文译出的打字稿，但这次重新从原文校订，大家仍不敢大意，仍然一字一句往下译校。这次大家特别把注意力放在了理论内容和疑难句子的处理上，遇到难题反复研究，集体讨论。德文吃不透的地方，我们到处找专家答疑。例如，我们曾专门去找过德语语法专家廖馥君教授，当时我国各大学学习的德语语法，就是廖教授编写的，可见他是我国德语的权威之一。我们还去北京大学西语系请教过德语专家（当时编译局自己尚无德语专家），我记得当我们把《资本论》中的疑难句子向专家求教时，她表示很惊讶。她说，她是教德国文学的，像《资本论》这样深奥的理论在德国也只有少数理论家才能懂，不是一般德国人都能懂的。她虽然给我们做了解答，但一再声明她没有把握，仅供参考。这件事给我留下了很深的印象。

还有就是，当我们遇到难懂的地方，还可以参考比较权威的外文版本，除俄文版外，英文版和日文版都是我们经常参考的版本。有趣的是，有的我们产生疑问的地方，外文版本也有不同的理解。遇到这种场合，我们就举行集体讨论，以便发挥大家的智慧。凡是我们的中译文和我国已有的中译文在意思上发生矛盾的地方，更要特别注意，直到我们自信我们的译文能站得住脚时，才算放心。

《资本论》第一卷是马克思在世时亲自完成的唯一的一卷（第二卷和第三卷都是马克思逝世后，由恩格斯编辑出版的），特别是第一卷的前几章，例如，论述商品和货币的部分，是马克思在1859年出版的《政治经济学批判。第一分册》的基础上改写的，用词造句非常讲究，论述非常精彩，可以说达到了千锤百炼的程度。例如，马克思在论述“商品的形态变化”时，把商品占有者到货币占有者，再从货币占有者到资本家的转化过程，比作昆虫的“变态”。现在《资本论》中所译的“形态变化”这个词，德文就是直接采用昆虫学的“变态”一词。马克思把商品占有者称为“资本家幼虫”，把货币占有者称为“蛹”，把变成的资本家称为“蝴蝶”（即“成虫”）。马克思在这一节的论述中，许多动词都是使用昆虫变态的动词，如“蜕变”、“羽化”等等。翻译这些章节的时候，我们都特别小心，尽量保持马克思用词的原貌，尽量在译文中把马克思这些文体反映出来。不过，读者如果不注意，往往觉察不到译文的这些特点。

1964 年，我被从《资本论》校订组调出，和冯申同志组成了一个单独的校订组，协助陈昌浩副局长译校《马恩全集》俄文版中新发表的《剩余价值理论》（《马恩全集》中文第一版第 26 卷 1—3 册）。我们两人先译出初稿，再互校形成一个初定稿，之后交给陈局长最后定稿。1965 年下半年我下乡参加“四清”工作，到这时基本上译完了《剩余价值理论》的第一册。第二册和第三册则是在“文革”期间由哲学室的同志们接着翻译出来的。1966 年“文化大革命”开始，到 1969 年编译局才恢复业务工作。1969 年和 1970 年我和局内一部分同志下放到江西中办五七学校劳动了两年。1970 年底才回到经济处，重新参加译校《资本论》第三卷的工作。在这之后，我和王锡君同志协助周亮勋同志审读第一卷清样。这次看清样非常认真，几乎每句话都同郭王译本重新进行核对。遇到意思有出入的地方，则再次认真仔细研究。我同时被指定着重注意核对科技专业知识，在这方面我有意识地积累了不少资料，后来写成了一篇文章《事实的考证和专业知识的质疑》，刊登在编译局成立40周年纪念文集中，其中记载了在译校《资本论》和经济学手稿的过程中遇到的一些专业知识和科技问题是如何解决的。

例如，马克思论述货币理论时加了一个脚注（见《马克思恩格斯文集》第5卷第149页），提到了清朝官员王茂荫因主张货币兑换而受到皇帝申饬的事。这是《资本论》中提到的唯一的中国人。这条注释涉及的是中国人的事，必须把历史事实考证清楚。特别是大臣审议报告中还有直接引文，中文版当然要恢复原文。我们在查找资料时发现前辈学者对这件事进行过大量研究。特别是郭沫若和吴晗两位，他们的严格科学精神为我们留下了严格治学的榜样。原来最初的中译本把人名音译成了“万卯寅”，郭老在日本得知这一情况后，当即向国内学者写信要求把这件事研究清楚。国内学者经过努力终于弄清了这个问题。

王茂荫（1798—1865年）是安徽歙县人，在咸丰时期历任监察御史、户部、兵部右侍郎。清朝咸丰皇帝时期，由于内外交困、国库空虚，通货膨胀很厉害。王茂荫曾向皇帝建议发行可兑现的钞票，受到皇帝的重视，任命他为户部右侍郎兼管钱法堂事务。但皇帝决定发行的是不可兑现的官票和宝钞。结果造成更厉害的通货膨胀。王茂荫和徽派商人交往密切，代表他们的利益，于是上奏皇帝要求

将不兑现的钞票改成兑现，结果受到皇帝和大臣们的申饬。大臣们议后回奏皇帝说，“臣等详阅所奏，尽属有利于商，而无益于饷；且该侍郎系原议行钞之人，所论专利商而不便于国，殊属不知大体……所奏均不可行”。皇帝申饬他不识大体。王茂荫虽然没有像马克思猜想的受到笞刑，但却被调离户部。这些直接引文都引自《咸丰东华录》和王茂荫本人的奏折。郭老还提供了一个译文方案，我们现在的译文就是在郭老译文的基础上形成的。我们的直接引文也是有依据的。这样，中文版的这条注释就建立在科学的基础上了。

这段脚注的正文，在我国《资本论》的旧译本中是这样译的：“理财官王茂荫有一次曾上条陈给天子，暗中要把不兑现的钞票，化为可以兑现的银行券。1854 年 4 月大臣审议的报告中，对他的计划，曾痛加指斥。他是否因此受过笞刑，却没有记录可查。报告的结论说：‘臣等仔细审议了该项计划，发觉它完全是为商人利益，于皇室毫无利益可言’”（《资本论》第 1 卷第 3 章脚注（83），人民出版社 1956 年版）。我们经过以上所说的考证，并参考郭老等人的方案，把这段译文改译成：

“清朝户部右侍郎王茂荫向天子（咸丰）上了一个奏折，主张暗将官票保钞改为可兑现的钞票。在 1854 年 4 月的大臣审议报告中，他受到严厉申饬。他是否因此受到笞刑，不得而知。审议报告最后说：‘臣等详阅所奏……所论专利商而不便于国’。”（《帝俄驻北京公使馆关于中国的著述》）

(《马克思恩格斯文集》第 5 卷第 149—150 页)。

这是 1854 年的事。历史上 1861 年俄国才在北京委派公使。所以译者又加了一个注，说明当时尚无帝俄公使馆，而是俄国东正教驻北京传道团代行公使馆的职能。

我们在翻译过程中，凡没有把握的地方，必须再去查对或向专家求教。经过这样的努力，编译局翻译的新版《资本论》第一卷和第二卷即《马恩全集》中文第一版第 23 和 24 卷，于 1972 年由人民出版社正式出版。第三卷即《马恩全集》中文第一版第 25 卷，于 1974 年出版。人民出版社于 1975 年正式出版了这三卷的单行本。至此，编译局的《资本论》全三卷新译本，几经波折，历时 19 年（从 1956

中央编译局翻译的《资本论》部分版本

年算起），终于完成。我国《资本论》的第一个全译本（郭王译本）是1938年由生活书店出版的。在这个版本问世36年之后，终于出现了编译局新翻译的第二个中译本。

《资本论》新版的完成，对编译局来说是一项重大工程。不仅是经济处的全体同志，甚至可以说是全局同志集体劳动的结晶。它的译校过程经过了无数工序，重要的章节都经过集体讨论。正文译校出之后，又经过无数道技术资料和译名规格的统一工作。其中一些名词术语，不但《资本论》三卷之间要保持统一，而且还要和《马恩全集》其他各卷保持统一。这是一项庞大的系统工程。据统计，为保持统一工作所做的卡片就有数万张之多。

进一步说，这项工程不仅是我们全局集体劳动的结晶，而且也是和社会上各方面的帮助分不开的。首先，我们吸收了社会各界对我们译文提出的意见；其次，我们吸收了我国已有译本的精华。值得一提的是，我们曾数次拜访过郭大力教授。我记得，我1970年从五七干校回局以后，曾先后两次随同周亮勋同志去拜访郭大力教授。当时他年事已高，卧病在床，不能下地行走，每天只能工作两三个小时。我们向他请教的问题，他都热情给予了回答。我们请他审阅我们的译稿，他限于精力，只审看了我们译的《序言》的一部分。我记得他亲口向我们讲述了他翻译《资本论》时的困难情况，生活困难不说，当时资料奇缺，连一部德汉词典都没有，只好借助日文版的《独和字典》。他还向我们讲述了他如何在日本侵略者的飞机轰炸之下，躲到乡下去翻译《剩余价值学说史》的经过。老前辈的这种顽强精神和高尚品质，鼓舞着我们译好经典著作。此外，我们还就遇到的各种专业技术问题，分别向有关部门和专家们求教，得到他们的热情帮助。例如，关于银行、票据等专门业务知识，我们曾求教于人民银行研究室的专家们，关于纺织技术和专门名词，我们曾反复向纺织部门专家求教。总之，没有全社会的帮助，我们也是难于圆满地完成任务的。

《资本论》的翻译，是一项伟大的工程。如果总结一下，那就是：要求译者有比较高的外文水平，也要求译者懂得马克思的理论。另外还要熟悉马克思写作的历史条件和时代背景，还要具备各方面的专业知识，凡是自己不懂的，要注意向各方面的专家请教。同时还要靠集体的力量。不但如此，对于像《资本论》这样的经典著作，要想译好它，还得好好注意原著文字的一些特点。

《资本论》德文原文的文字，值得在这里谈一下。尤其是《资本论》第一卷，它是马克思在世时亲自完成的唯一的一卷，它更能代表马克思文字的特点。《资本论》本是属于社会科学的著作，但马克思处处把他的理论和自然科学相比拟。

例如，在第一版《序言》中，马克思说："我的观点是把经济的社会形态的发展理解为一种自然史的过程。"马克思在这里是说，人类社会的各个经济社会形态，也像地质学上的自然史过程一样，地层分为一层接一层的状态，每一层都是从前一层产生出来，并为后一层的形成创造条件。如地质学上分为古生代、中生代、新生代等层系，每一代中又细分为各个“纪”，如中生代分为三叠纪、侏罗纪、白垩纪等。马克思认为人类社会的各个社会形态也像地质学上一样，分成各个“层”，如“奴隶社会”“封建社会”“资本主义社会”等，每个社会形态都不是偶然出现的，都有产生、发展和灭亡的过程，社会就是这样从较低的阶段逐步发展到较高的阶段。

马克思自己在《1861—1863年经济学手稿》中就说过：“正像各个不同的地质层系相继更迭一样，在各种不同的经济社会形态的形成上，不应该相信各个时期是突然出现的，相互截然分开的。”（《马克思恩格斯文集》第8卷第340页）如果我们看一下德文原文，“社会形态”这个词（Formation）就是从地质学上借用来的，它在地质学上就是“地层”或“地质层系”的意思。德国人读到这个词的时候自然会联想到“地层”“层系”上去，但是这个词译成中文或别种文字时，就再也表达不出这一层意思了。这也是翻译作品不能完全充分表达原著精神的一种遗憾。

还有，正如我们上面说过的，马克思在《资本论》第一卷第三章写了一节叫做“商品的形态变化”，这个“形态变化”（Metamorphose），就是昆虫学中的“变态”。马克思把商品占有者变成货币占有者，再变成资本家的过程，比拟成昆虫从“幼虫”变成“蛹”，再变成“蝴蝶”的过程，如此等等。

马克思在《资本论》中大量引用了文学艺术作品，用文学的语言和形象的比喻来说明他的经济理论，使人读起来觉得兴趣盎然，毫不枯燥。据初步统计，马克思在《资本论》第一卷中总共引用了60多部文学著作，有70多处使用了文学形象。文学著作包括希腊神话、印度神话、《圣经》、《伊索寓言》等，还有就是欧洲文艺复兴时期的许多文学名著，如歌德、席勒、巴尔扎克、塞万提斯、莎士比亚等人的名著。

例如，马克思在《资本论》第一版序言中，就巧妙地运用了希腊神话中一个蛇发女妖美杜莎的故事。魔女妖怪满头蛇发，谁要是看到她的头，就会马上死掉。后来出现了一位英雄柏修斯，用一顶隐身帽把自己隐蔽起来，终于杀掉了女妖，为民除害。马克思在序言中接着说，德国和英国比，社会统计资料很贫乏，但即使这样，现有的一些资料还是能够把掩盖着事实的帷幕揭开一点点，“使我们刚刚能够窥见幕内美杜莎的头”。这里把资本主义在德国造成的各种灾难比作妖怪的头。然而德国很多人对这些灾难视而不见，无所察觉。所以马克思接着说，“柏修斯需要一顶隐身帽来追捕妖怪。我们却用隐身帽紧紧遮住眼睛和耳朵，以便有可能否认妖怪的存在。”用这样的比喻来说明德国人无视妖怪的存在，既生动又使人印象深刻。

马克思在分析商品的价值和使用价值时，得出的结论是，商品的使用价值反映的是物本身的属性，而商品的价值反映的是物的社会属性，即人与人之间的属性。但是有

一些经济学家（赛·贝利等人）却相反地认为，价值反映的是物本身的属性，使用价值反映的却是人的属性。这显然是把事情说颠倒了。马克思在引用了这些人的话以后，接着引用了莎士比亚的戏剧《无事生非》中的一个形象加以讽刺。他说："在这里，我们不禁想起了善良的道勃雷，他教导巡丁西可尔说，一个人长得漂亮是环境造成的，会写字念书才是天生的本领"。道勃雷在戏剧中是一个善良的老头，他跟大家在一起的时候，总爱说反话，引得大家哈哈大笑。在这种场合他显然应当说，人长得漂亮是天生的，会读书写字是后天环境造成的。马克思就是引用了这个形象来讽刺那些说反话的经济学家。

在谈到商品时，马克思说，商品是天生的平等派，它随时准备不仅用自己的灵魂而且用自己的肉体去换取任何别的商品，哪怕这个商品生得比马立托奈斯还丑。这里又引用了一个文学形象，马立托奈斯是塞万提斯的名著《堂吉诃德》中的一个人物，她长得奇丑无比，看了让人心生厌恶。马克思用这个形象作比喻，说明商品愿意和任何别的商品交换，哪怕这个商品长得特别难看，也无所谓。

另外，马克思在谈到商品的使用价值和价值时指出，商品的使用价值比较好理解，因为它很具体，但是商品的价值却不好理解，是不可捉摸的东西。这时他又引用了一个文学形象。他说，商品的价值对象性和快嘴桂嫂不同，你不知道对她怎么办。快嘴桂嫂是莎士比亚的名剧《亨利四世》中的一个人物，是开设在依斯脱溪泊地方的一座野猪头酒店的女老板，有一天她和恶棍福斯泰夫斗嘴，福斯泰夫骂她是“一个下贱的东西”，说她“既不是鱼，又不是肉，是一件不可捉摸的东西”。快嘴桂嫂回答他说，“你这样骂我，真是冤枉人啦。你们谁都知道我是个老老实实的女人，从来不会藏头盖脸的……”马克思用这个形象表明，快嘴桂嫂是一个实实在在的人，从来“不藏头盖脸”，但是，商品的价值却和她不同，确实是“一件不可捉摸的东西”，因此接着马克思说“你不知道对它怎么办”，也就是说，商品的价值比较抽象，和具体的人不同，对商品的价值进行分析，确实是困难重重。

还有，马克思在分析商品的形态变化时说，商品的第一个形态变化是“卖”，即商品必须卖出去，换成货币，不然商品生产者的劳动就白费了。所以马克思说商品价值从商品体跳到了金体上，是商品的“惊险的跳跃”。这个跳跃如果不成功，摔坏的不是商品，但一定是商品占有者。可见，商品要变成货币是很不容易的，货币在别人的口袋里，商品必须费尽心机把货币从别人的口袋里吸引出来。马克思在这里又使用了文学形象。他说，商品的价格是商品向货币送去的“秋波”，但货币往往不为所动，躲在别人的口袋里，就是不出来。这样商品就卖不出去。马克思说，商品爱货币，但是真爱的道路充满了曲折。

接着，马克思引用了莎士比亚的戏剧《仲夏夜之梦》中的一句名言“真爱情的道路绝不是平坦的”。这句话出自《仲夏夜之梦》的第一幕。说的是美女黑美霞热恋着她的年轻恋人莱散特，但黑美霞的父亲坚决不同意他们二人的恋爱关系，使两位年轻人陷入了悲哀痛苦之中。两位恋人相遇之后，有无限的话要说。有一天，莱散特对黑美霞说，根据他从书上读的和在传说中或历史中听到的，自古以来真爱情的关系都是好事多磨，有的是因为门不当户不对，有的是因为年龄悬殊，有的是亲友的阻碍，还有就是天灾人祸，等等。就在这个场合，莱散特向自己的爱人说出了这句至理名言。马克思在这里引用这句话，成了画龙点睛之笔。

马克思在谈到货币贮藏时，谈到人们在商品交换过程中逐步产生了对货币的崇拜，也就是货币拜物教。因为人们觉得有了黄金，可以买到世界上的一切。接着马克思引用了哥伦布于1503年从牙买加寄回来的信。信中有这样几句话："金真是一个奇妙的东西！谁有了它，谁就成为他想要的一切东西的主人。有了金，甚至可以使灵魂升入天堂。"这句话几乎和我国流行的一种说法"有钱能使鬼推磨"有异曲同工之妙。

接着，马克思引用了莎士比亚的名剧《雅典的泰门》中一大段非常精彩的独白，铿锵有力，令人叫绝：

金子！黄黄的，发光的，宝贵的金子！

只这一点点儿，就可以使黑的变成白的，丑的变成美的，错的变成对的，卑贱变成尊贵，老人变成少年，懦夫变成勇士……

它可以使窃贼得到高爵显位，和元老们分庭抗礼；
它可以使鸡皮黄脸的寡妇重做新娘……

下面再举一个例子。在《资本论》第一卷第21章中论述资本积累过程的时候，马克思为了说明失业工人是产业后备军，他们即使失业了也不能随便移民国外，而是要留在国内准备在工厂老板们生意重新兴隆起来以后，再进工厂为老板们去生财。马克思举了一个例子。他说，在1863年的时候，有一批工厂主上书给英国议会，要求由国家出资养活那些暂时失业的工人，不能让他们都移民国外，否则工厂主将来就雇不到工人了。工厂主们的请愿书中有这样的话："如果鼓励或允许劳动力迁往国外，那资本家怎么办呢？"（《马克思恩格斯文集》第5卷第663页）马克思接着写道："这种发自内心的叫喊使人想起了宫廷侍卫长卡尔布。"这又是一个文学形象。在德国，卡尔布这个戏剧形象几乎家喻户晓，它出自席勒的名剧《阴谋与爱情》。德国人普遍熟悉席勒的《阴谋与爱情》的故事就像我们中国人熟悉曹禺的《日出》和《雷雨》的故事一样。卡尔布是一个小邦国的宰相的侍卫长，有一次他不愿参与宰相策划的阴谋活动，这时宰相就以免除他的职位相威胁，卡尔布吓得要死，他怕因此丢掉了饭碗。他大声叫喊："那我呢？——您说的倒好，您！您是一个有学问的人！可是我呢——我的上帝！如果殿下免我的职，那我怎么办呢？"怎么办？怎么办？马克思在这里讽刺那些工厂老板活像戏剧舞台上惊慌失措的侍卫长卡尔布一样。

我之所以在这里谈马克思原文的这些特点，是为了说明《资本论》的翻译是不容易的。在翻译这些文艺作品和文艺形象的时候，我们都要细心查找原著的情节，了解人物的性格。如果文艺作品在我国有几种译本，那也要尽量都查清楚，采用最权威的译本，而不要自己随便乱译。例如，莎士比亚的戏剧在我国有多种译本。《资本论》的旧译本中把快嘴桂嫂译为瞿克莱夫人。我们宁愿采用我国比较权威的朱生豪译本中的人名译法。因为她不过是一个野猪头酒店的女老板，是一个快人快语、眼观六路耳听八方的女流之辈，如果把她的名字译为瞿克莱夫人，好像她是什么贵妇人似的，那就与人物的本来面目相差太远了。

下面我再谈谈马克思《资本论》中的正文论述的特点，正文论述实际上包含着多种文体，这就要求译者要有很高的文字修养。《资本论》这一伟大著作的第一卷可以说包含着三种文体。一种是理论论述，逻辑严密，层次分明。另一种是现实的实证材料，包括许多社会调查材料。还有一种是论战文体。马克思的论战文体是非常精彩的，他对论敌和庸俗经济学家的错误进行冷嘲热讽，既幽默又极具战斗力。

马克思的第一种文体，即正面的理论论述，其理论体系逻辑严密，层次分明。整个理论论述就像是一座理论大厦，每一理论要素就像组成大厦的一些砖瓦，它们彼此有机地结合在一起，是一个整体。

例如，马克思在分析完商品的使用价值和价值特点之后，最后给商品作了一个全面的经典性的定义。他说：“一个物可以是使用价值而不是价值。在这个物不是以劳动为中介而对人有用的情况下就是这样。例如，空气、处女地、天然草地、野生林等等。一个物可以有用，而且是人类劳动产品，但不是商品。谁用自己的产品来满足自己的需要，他生产的虽然是使用价值，但不是商品。要生产商品，他不仅要生产使用价值，而且要为别人生产使用价值，即生产社会的使用价值。（而且不只是简单的为别人。中世纪农民为封建主生产作为代役租的粮食，为神父生产作为什一税的粮食。但不管是作为代役租的粮食，还是作为什一税的粮食，都并不因为是为别人生产的，就成为商品。要成为商品，产品必须通过交换，特别把它当作使用价值使用的人的手里。）最后，没有一个物可以是价值而不是使用价值。如果物没有用，那么其中包含的劳动也就没有用，不能算作劳动。因此不形成价值。”（《马克思恩格斯文集》第5卷第54页）

这一大段论述，分了四个层次，理论层层递进，缺一不可。所谓商品：一是有使用价值。二是人类劳动产品。三是为别人的使用价值。四是通过交换到达别人手中。翻译这类文体，要求译文用词精确，理论条理分明。整段译文要显示出理论大厦的有机结构。在翻译这类文体时，决不允许为了译文“通顺”而随便更改理论顺序，要突出每句话的重点和它与上下文的联系，这就要求译者有很高的理论修养，才能译好。

另一种文体是，马克思在一些重要的篇章中引用了大量的现实的实证材料，用来证明自己的理论。在第一卷中谈到工作日问题时（第八章）、机器大生产对工人状况的影响时（第十三章）和资本积累问题时（第二十三章），马克思都引用了英国官方文件“蓝皮书”中的大量实证材料。其中英国工厂视察员和工厂法审理法官的报告，生动地描绘了英国工人阶级的生活状况。马克思是法律专业出身的，他深知在法庭上引用官方文件是最有力的证据。据初步统计，这些实证材料约占全书篇幅的30%左右。

马克思在1867年8月24日回答恩格斯的信中说：“至于第4章，我是费了很大力气才找到这些东西的本身即它们的联系的。这件事情做完之后，在最后加工时，蓝皮书接踵而来，我非常高兴地看到我的理论成果完全得到了事实的证明。”（《马克思恩格斯文集》第10卷第269页）当时英国的官方文件定期装订成大厚册，发给议员们参考。但是没有几个议员认真读它们。据说，有的议员竟把这些蓝皮书叠放在一起，用来测试他的手枪子弹能穿透多远。但是马克思却认为这些官方文献是他的理论的绝好例证，所以大量引用。

翻译这些文献跟翻译理论论述不一样，要求把官员和工人的对话的特点表现出来。官员们说话拐弯抹角，容易打官腔，而工人们的回答直白朴素，简单明了。翻译这类文体时要注意把各种不同身份的人的语言表达清楚。例如，英国的工厂法都规定要给童工留一定的上学时间。在《资本论》第十三章中就有这样一段工厂视察员和矿工之间的对话（前面是官员的问话；后面是工人的回答）：

“雇主有没有表示某种想法想使劳动时间规定得适合于上学呢？——从来没有。”

“矿工以后能改进自己的教养吗？——一般说来，他们越来越坏，染上了各种恶习。”

“为什么不送儿童们进夜校呢？——多数煤矿区根本没有夜校。但主要的是，他们都让长时间的过度劳动累得精疲力竭，连眼睛也睁不开。”

“这样看，你是反对教育啰？——决不是，不过……”

“1860 年的法令不是规定矿主等等在雇佣 10 岁至 12 岁的儿童时要索取学校的证明吗？——法律是这样规定的，但是矿主不照办。”

“你认为，法律的这项条款没有普遍实行吗？——根本就没有实行。”

“矿工对教育问题很关心吗？——绝大多数人都很关心。”

“他们都盼望实行这项法律吗？——绝大多数人都盼望。”

“为什么他们不迫使实行这项法律呢？——有许多工人希望拒绝没有学校证明的少年做工，但是他会成为被记名的人。”

“谁给他们记名呢？——他的雇主。”

“那你岂不是相信雇主会追究一个服从法律的人吗？——我相信雇主会这样做。”

“为什么工人不拒绝使用这样的少年呢？——这可不由工人做主。”

……

从这类对话可以看出，官员和工人的说话风格截然不同。只从对话就可以显示出不同人的不同身份。对这类文体的翻译一开始就要有意识地注意到文体的特点，不然是译不好的。更不能把这类文体译得和理论论述差不多。

《资本论》中还有一种文体，是马克思批判错误理论时的论辩文体。在批判庸俗经济学的理论时，马克思展现出无与伦比的论辩才华，遣词造句都充满了讽刺挖苦。

举个例子。1833年英国颁布了工厂法，规定把儿童和青少年的工作日缩短一小时，这惹起了工厂主们的坚决反对。他们物色了一位牛津大学经济学教授纳·威·西尼尔，请他写一本经济学著作，从理论上证明，工厂主的纯利润依赖于工作日的“最后一小时”才能生产出来。如果工作日缩短一小时，那英国工厂主的利润，英国棉纺织业的存在和英国在世界市场上的地位，都将化为乌有。这就是马克思在《资本论》第一卷第七章中专门设一节《西尼尔的最后一小时》来展开反驳的原因。无独有偶，还有一位经济学家安·尤尔博士则进一步证明，如果让童工和青少年不是每日“在工厂的温暖而纯洁的道德气氛里关上整整12个小时”，而是让他们提早“一小时”下工，“把他们赶到冷酷无情、放荡不羁的外界去，他们就会因懒惰和邪恶而使灵魂不能得救”。对于这些庸俗经济学家如何秉承资本家的意志著书立说和进行道德说教，马克思进行了犀利的讽刺。

马克思写道：“1836年的一个早晨，以经济学知识和文体优美著称的纳索·威·西尼尔，这位在英国经济学中在某种程度上相当于克劳伦的人，从牛津被召往曼彻斯特。他在牛津教授政治经济学，现在被召到这里来学习政治经济学。工厂主选中了他，要他充当斗士去反对新颁布的工厂法和比工厂法更激进的争取十小时工作日的鼓动。工厂主以惯常的实际经验上的敏感看出，这位教授先生‘还需要好好地最后雕琢一番’。因此他们写信叫他到曼彻斯特来。而这位教授先生把他在曼彻斯特从工厂主那里学到的课业，加以润色，写成一本小册子：《关于工厂法对棉纺织业影响的书信》……”

接着往下，马克思详细分析了“西尼尔的最后一小时”理论究竟是什么货色。他指出，这些东西无非是工厂主们日常算计他们的利润的一种思维方式，跟经济理论毫无关系。

最后，马克思说，“这个致命的‘最后一小时’——你们为它编造的神话比锡利亚信徒为世界末日编造的神话还要多——是‘十足的胡说’。失掉这最后一小时，你们并不会丧失‘纯利润’，而你们使用的童男童女也不会失去‘灵魂的纯洁'”。

马克思的这段话把庸俗经济学充当资本家御用文人的嘴脸讽刺得淋漓尽致。我们翻译这类文体时，特别有意识地注意了马克思原文的特点，充分反映马克思作为雄辩家的风貌，尽可能地把他的论辩特点表现出来。总之，有意识地注意到文体的特点和没有注意到文体的特点翻译出来的译文是有差别的。

我以上讲了这么多，无非是要说明，我们在翻译《资本论》的过程中确实付出了艰辛的劳动，对译文精雕细刻，精益求精。同时，我们的译本也是集体智慧（包括局内外的集体智慧）的体现。正因如此，我们可以满怀信心地说，编译局翻译的《资本论》新译本的质量确实有了很大的提高。

十二、《资本论》的继续探索

1968年起，苏联开始出版《马克思恩格斯全集》俄文第二版的补卷，即第40—50卷，在这11卷补卷中，有一半是《资本论》的手稿。第46卷（上下册）是《资本论》的第一稿，即《1857—1858年经济学手稿》。第47和48卷是《资本论》的第二稿，即《1861—1863年经济学手稿》的组成部分。

这两卷是已出版的《剩余价值理论》(《马克思恩格斯全集》中文第一版第26卷1—3）之前和之后的部分，它们和《剩余价值理论》合在一起，就是《资本论》第二稿的全部。第49卷包含《资本论》第三稿即《1863—1865年经济学手稿》的重要组成部分，即《资本论》第一册手稿的残篇《第六章。直接生产过程的结果》(另外还有前几章的一些零碎片段）和第二册的第Ⅰ稿。第50卷包含有第二册的第Ⅱ稿（只包括第一篇和第三篇，缺第二篇，因第二篇和现行版重复故未收入)。这些手稿的发表，使得全世界范围内《资本论》的研究进入到一个新阶段。人们开始结合这些手稿来研究《资本论》，开阔了眼界，摆脱了过去只就《资本论》本身来研究的局限性。

经济处1974年完成了《资本论》三卷(《马恩全集》中文第一版第23—25卷）的翻译之后，就转入了《资本论》

手稿的翻译。1976 年“文革”结束后，通过拨乱反正，批判极“左”思潮，全国出现了欣欣向荣的局面，马列著作的翻译事业也进入了新时期。“文革”后的经济处除原来参加译校《资本论》的老同志外，又调来了一批新同志，可以说是“人丁兴旺”，人员最多时达到十六七个人。能使用的语言也多起来，除俄语和德语这两种语言外，有不少同志如陈国雄、王燕华、沈渊和孙开焕等同志，英语基础也很好。冯文光同志会法语，加上后来加盟进来的李其庆同志，也有了一个能使用法语的小组。刘焱同志在伪满时期学过日语，经过一段时间恢复期之后能从日语翻译，王锡君同志和我都曾在日本侵略者统治下的中小学学过一些日语，现在借助字典，也能以日文作为参考。

老同志们经过多年的业务工作锻炼，翻译水平和工作经验都有较大提高，新同志干劲十足。这一切使我们经济处有条件放开思想，结合社会需要来扩大业务，为我国的《资本论》研究多作贡献。下面我简略记叙一下经济学手稿和一些重要文献的翻译经过。

《1857—1858 年经济学手稿》。这部手稿是《资本论》的第一稿，收载在《马克思恩格斯全集》俄文第二版第 46 卷上下册。关于这部手稿，苏联曾于 1939—1940 年以德文原文出版过一个单行本，当时编者加了一个标题“政治经济学批判大纲（草稿）”，社科院经济研究所的刘潇然教授曾把它译成中文出版，分五册内部发行。

经济处从 1974 年起用了两年多的时间，根据德文原文，并参考俄文版，将第46卷的上册译出。中译本是根据德文原文译的，但为了便于阅读，全卷的分段和章节标题仍沿用俄文版的处理办法。第46卷的下册包含有马克思关于科学技术是重要生产力的论述（马克思在论述机器即固定资本的部分论述了这些问题）。“文革”以后，理论界对科学技术是重要生产力的理论论述比较关心。为了适应社会上要求尽快将下册译出来的需要，局内实行集中优势兵力，先从俄文版译出初稿，以适应即将于1978年3月举行的全国科学大会的需要，然后再由经济处根据德文原文重新进行校订。

我记得，上册中有一节“资本主义生产以前的各种形式”，是马克思结合资本原始积累问题写的论述人类社会各种所有制关系的片段，这部分论述是研究历史问题的学者们很感兴趣的。这部分曾有吉林大学历史系教授日知（林志纯）的中译单行本。这次我们译校时也请日知教授亲自参加审稿，共同讨论了最后的定稿。这部手稿的翻译先后共用了五年左右的时间，第46卷上下册分别于1979年和1980年出版。

《1861—1863年经济学手稿》。这部手稿是《资本论》的第二稿。长期以来，我们只知道这部手稿中的《剩余价值理论》部分。因为考茨基曾把这部分编成单行本单独出版，我国也有郭大力教授的中译本《剩余价值学说史》。但人们始终没有见到这部手稿的全貌。苏联编的《马恩全集》补卷第47和48卷，分别于1973年和1980年出版。第47

卷包含的手稿是属于《剩余价值理论》之前的部分，主要涉及《资本论》第一卷的内容，第48卷是《剩余价值理论》之后的部分，主要涉及《资本论》第二、三卷的内容。由于这两部分的出版，人们才终于见到了这部手稿的全貌。第47卷中论述机器大生产的章节，是《资本论》第一卷第十三章“机器和大工业”最初的雏形，包含有极丰富的关于科学技术和机器大生产的论述。

为了迎接全国科学大会的召开，中科院自然科学史研究所的同志们提议和我们合作，从俄文译出这部手稿中的“机器。自然力和科学的应用”这一节，并单独出版了一本中文小册子（1978年1月版）。先是由自然科学史研究所的两位同志译出初稿，然后再由我们定稿。这部手稿的翻译和定稿工作遇到了很大的困难。手稿内容很丰富，篇幅比《资本论》第一卷中相关的论述多好几倍，反映了马克思在研究科学技术问题的初期所涉及的广泛知识和领域，几乎涉及了到马克思时代为止的全部西方科学史。这部手稿还引用了1851年伦敦世博会上参展的最新发明的说明书等资料。

在翻译过程中，遇到不懂的问题，我们和自然科学史研究所的同志们下功夫去查找资料，到处去向内行求教。为了弄清毛纺织技术，我们曾三次跑到清河制呢厂去参观实际纺织过程和各种纺织机器，还去请教纺织工程师。为了了解造纸的各道工序和技术设备，我们又去访问北京造纸总厂。我们翻译的有关这两种工业技术的译文，都经过这两个厂的工程师审阅过。

有关科学技术的论述出版中文小册子以后，经济处又补译了第47卷的其余部分，中文第47卷全卷于1979年正式出版。《马恩全集》第48卷俄文版是1980年出版的。经济处从1981年下半年起开始校译，中文全卷于1985年出版。至此，如果从《剩余价值学说史》由郭大力译成中文并于1949年在上海出版算起，到1985年第48卷正式出版为止，这部手稿全部介绍到我国来经历了36年之久。需要指出的是，《马恩全集》第47卷和48卷主要是依据俄文版并参照历史考证版翻译，以致俄文版编者由于资料不足和研究不够而造成的编辑缺陷，也延续到中文第一版中。这些缺陷直到后来编译《马恩全集》中文第二版时才得到纠正。详情请参看后面关于《马恩全集》中文版第二版的记述。

《1863—1865年经济学手稿》。这是《资本论》的第三部手稿。马克思的前两部手稿的标题都为“政治经济学批判”，从这部手稿开始，马克思把正标题改为“资本论”，把“政治经济学批判”作为副标题。这是由于《1861—1863年经济学手稿》中取得的理论成果，马克思才做出的改变。详细情况可参看1862年12月28日马克思给库格曼的信（正是在这封信中，马克思宣布他将先出版《资本论》，“政治经济学批判”作为副标题）。

这部分手稿共包含《资本论》三册的手稿：第一册《资本的生产过程》；第二册第Ⅰ稿《资本的流通过程》；第三册《总过程的各种形态》。这样，从这部手稿起，《资本论》

的手稿就和现行版《资本论》的结构相一致了。

第一册《资本的生产过程》没有全部保留下来，只保留下来第六章：《直接生产过程的结果》这部分手稿和前面其他章的一些零星片段。这部分手稿曾由社科院经济研究所的田光教授译成中文，以小册子形式出版过。

第二册第Ⅰ稿《资本的流通过程》全部保留下来了，但恩格斯在编辑出版《资本论》第二卷时没有采用这部手稿，而是采用了马克思在此之后写的更加成熟的其他手稿（第Ⅱ—Ⅷ稿）。俄文版《马恩全集》第49卷中发表了以上这两部分手稿，而《1863—1865年经济学手稿》的另一重要组成部分，即第三册《总过程的各种形态》（被恩格斯称为第三卷的“主要手稿”）由于篇幅庞大，暂时还没有发表。

经济处从1979年开始从俄文译校了《马恩全集》第49卷，并于1982年正式出版。这样《1863—1865年经济学手稿》的一部分内容就有了中文本。至于俄文版《马恩全集》未发表的第三册的“主要手稿”，只有等到《马恩全集》中文第二版再发表了。

同时应当指出的是，俄文版《马恩全集》第50卷还发表了《资本论》第二册的第Ⅱ稿。这部手稿，恩格斯在编辑《资本论》第二卷时采用了全部第二卷第二篇《资本的周转》，其他篇只采用了一部分。因此，俄文版《全集》第50卷发表的是第Ⅱ稿的第一篇和第三篇（编者自己说明，第二篇由于和现行版重复，所以没有刊载）。经济处从1982年开始译校《马恩全集》第50卷，并于1985年正式出版。由于

《资本论》这些重要手稿的陆续出版，我国学术界终于有条件研究《资本论》的创作史了。1985年《马恩全集》第50卷的出版，标志着《马克思恩格斯全集》中文第一版已全部出齐。中文第一版第一卷是1956年出版的，至1974年完成了第1—39卷（“文化大革命”使工作停了三年），从1977年至1985年，又完成了11卷补卷（即40—50卷）。这样，《马克思恩格斯全集》中文第一版总共50卷历时30年终于得以出齐。

下面我记叙一下《资本论》两个重要单行本的翻译。

《资本论》法文版。《资本论》法文版是指马克思生前亲自校订和修改过的法文《资本论》第一卷。这个版本是法国人瓦鲁根据德文第二版翻译成法文，最初以分册形式在1872—1875年期间出版的（后来才合成一本书）。马克思亲自担任译文校订工作，他为了使《资本论》更容易为法国人理解和接受，把许多理论论述修改得更加通俗易懂，把许多难懂的专有名词也作了改动。他还适应资本主义经济发展的新情况，增写了许多段落，因此书中增加了新内容、新材料和新注释。不但如此，他还把德文版原有的篇章结构作了改动，把德文版原来的7篇25章，改为8篇33章(把“原始积累”从第7篇《资本积累》中独立出来，改为第8篇，成为全卷的最后一篇，突出了它的地位）。这些篇章结构的改变反映了《资本论》第一卷理论的发展和更加完善。

正因如此，马克思自己说，这个法文版“在原本之外有独立的科学价值”。在这个法文版出版之后，马克思本来打算把德文第二版以后的版本也作相应的修改。但没有来得及，马克思就去世了。马克思在给朋友的书信中不止一次地建议，以后如果再有人把《资本论》译成各国文字时，都应吸收法文版的成果。可见，法文版《资本论》是马克思生前校改过的最后一个版本，代表第一卷的最新成果。

在苏联编辑的《马恩全集》第49卷中，收载有法文版的一些重要片段。我们在译校这一卷时就深深地感到，与其把这些片段译成中文出版，还不如把法文版全卷都译出来作为单行本出版，使马克思亲自校订过的法文版成为我国理论界研究《资本论》的另一个重要版本。但这个想法当时找不到实现的机会。

1980年，“中国《资本论》研究会”筹备会在社科院经济研究所召开，王锡君同志和我两个人代表编译局参加了这次筹备会。会上大家推举社科院的许涤新教授为会长，宋涛、于光远、陶大墉等为副会长。在这次会上，我们马恩室经济处被选为研究会集体会员，参加研究会秘书处的工作，成为研究会的刊物《〈资本论〉研究资料和动态》的编委之一。

在筹备会上，大家在讨论研究会成立后的学术工作时热情很高，提出了许多好的建议。有人提出，现在研究《资本论》的条件比以前好多了，编译局已经把《资本论》的大部分手稿翻译了出来。建议编译局是否可以考虑也把法文版《资本论》翻译出来，为我国的《资本论》研究提供另一个重要版本。这一提议得到了大家的赞同。

当时，社会科学出版社的一位编辑也在场，他当场表示他们出版社愿意出版这部书。他说，1983 年是马克思逝世 100 周年，如果这部书能在 1983 年出版，用来纪念马克思逝世百周年，那就很有意义。他建议编译局的同志承担起翻译的任务，并且最好能赶一下时间，订出具体的进度计划，分秒必争，不要错过了马克思的逝世纪念日。而要在 1983 年出书，翻译过程必须在 1982 年第四季度完成。

王锡君同志和我回局后，向领导作了汇报。经领导批准，我们经济处承担了法文版的译校工作。经济处当时只有冯文光同志懂法语，于是室领导又从哲学处把李其庆同志调来，和冯文光同志组成一个翻译组共同工作。冯文光同志在大学学的专业是林业专科，但外文学的是法文，他早有翻译法文版的想法。李其庆同志中学时就学习法文，大学又是北外法语系毕业，由他们二人合作翻译是再理想不过的了。

工序是先由他们两人分别译出，然后再互校形成初定稿，中文初定稿最后交由王锡君同志和我仔细从中文审读，从理论上把关。译校的原则是，凡是法文版没有修改的地方，也就是说，法文版照译德文版的地方，中译文照抄《资本论》中译本；凡是法文版修改的地方，则根据法文版新的论述翻译过来。这样，读者把法文版的中译文和《资本论》通行版的中文加以对照，就能明显地知道法文版修改的是什么内容。

为了响应出版社提出的要在 1983 年马克思逝世纪念日

出书的要求，我们四人制定了具体的进度表，在表上明确规定出每周完成多少字数和页数。整个翻译过程进行得相当紧张。这项工作从1981年正式开始，到1982年8月终于付排，总共经历了一年半左右的时间。出版社接到我们的译稿之后，也是分秒必争地排印出版。

法文版《资本论》在1983年3月正式出版，成为纪念马克思逝世100周年的一件大事。这部书的出版受到《资本论》研究者和理论教员们的欢迎。在中国《资本论》研究会1983年于福建师范大学举行的纪念马克思逝世百周年大会上，很多学者向我们表示祝贺。他们说，法文版《资本论》确实是研究《资本论》的重要参考，有些《资本论》教学和研究中的疑点和难点，经过查找法文版中译本得到了解决。

从这项工作一开始，我们就有意识地注意收集资料，注意马克思所说的“独立的科学价值”体现在什么地方。两年下来，收集到了不少资料。我们还从国外的资料中了解到马克思修订和出版法文版的过程，还从马克思和恩格斯的有关书信中收集了不少资料。我和冯文光同志在收集资料的基础上，合写了一本《法文版〈资本论〉介绍》(中国社会科学出版社1984年版)。在这本小册子基础上，经过进一步充实、提高和完善，我们两人后来又写成一本《法文版〈资本论〉的独立科学价值》(黑龙江人民出版社1985年版)。

这些小册子可以说是我们这次译校法文版《资本论》的副产品。值得一提的是，在后一本小册子的最后，作为

"附录"刊载了一篇刘焱同志根据日文材料整理的《马克思为〈资本论〉第一卷美国版写的〈编辑说明〉》。这份编辑说明的内容是马克思为当时计划在美国出版《资本论》英文版写的说明，指出哪些地方应吸收法文版中的修改。其中指定应按法文版修改的地方共计68条。美国版后来虽未出版，但马克思的这个《说明》却成了马克思《资本论》创作史中的重要文献。

《资本论》德文第一版第一卷。这个版本的翻译也和我们参加《资本论》研究会的创作史组的学术活动分不开。在研究《资本论》创作史的过程中，人们越来越感到《资本论》德文第一版的重要性，越来越想知道《资本论》1867年最初出版时是什么样的。只有知道了第一个版本的原貌，才能研究以后各版本的发展，包括理论的发展和篇章结构的发展。

早在1967年，也就是德文第一版出版100周年的时候，世界上许多国家都重新出版了这个第一版。但我国当时没有条件把这个版本翻译出来。现在，由于《资本论》创作史的研究，对这个版本的需要更加迫切。德文第一版和我们现在的通行版《资本论》（恩格斯最后修订的第4版）相比，确实有很大的不同。

德文第一版第一卷的结构只分为六章（《资本论》第一卷从第二版起，才分为7篇25章，而法文版又进一步分为8篇33章）。从内容来看，以后的版本也有不少改动。首先，德文第一卷中包含两种关于“价值形式”的论述。在正文中，马克思写的“价值形式”的论述是运用黑格尔式的辩证法写成的，读者不好理解。马克思的朋友库格曼医生和恩格斯读了第一卷的清样以后，都建议马克思再为不懂辩证法的读者写一个通俗易懂的教科书式的“价值形式”论述。马克思听从朋友们的建议，在第一版的最后作为“附录”又写了一个较通俗的论述。在后来出版《资本论》第二版（1872—1873 年）时，马克思才把第一版中的这种双重论述合并在一起，改写成了今天我们在通行版中所读到的“价值形式”论述。因此，研究《资本论》的人特别对第一版中的两种论述感兴趣，尤其希望研究正文中辩证法体现得比较明显的那些论述。

还有，《资本论》以后的各版本，理论都有不同程度的改进和发展。把《资本论》第一版作基础，和以后的各版次加以比较，可以清楚地看出以后各版次的理论修改。我们在译校这个第一版时，也像译校法文版时一样，凡是各版原文一致的地方，我们也保持中译文不变；凡是外文原文不一致的地方，我们也保持中译文不一致。这样，读者可以通过不同版本中译文的相互对比，清楚地看到以后版本中所作的修改。

为了便于读者查阅，我们还把马克思在以后版本中作了较重要修改的地方，专门作了“译者注”予以说明。据初步统计，全卷所加的这种“译者注”大约总共有将近 600 条。这项细致的加注的工作，是在王全民同志的主持下进行的。

《资本论》德文第一版第一卷中译本于1987年由经济科学出版社出版，以纪念《资本论》问世120周年。

参加“《资本论》研究会”的活动及其成果。中国《资本论》研究会成立以后，我们是这个研究会的积极会员，几乎每次学术会议我们都派人参加并提交论文。山东人民出版社为配合研究会的活动和反映其学术成果，出版了一套“《资本论》研究丛书”。这套丛书原计划出版24种，其中《〈资本论〉第一稿研究》(1991年版)和《〈资本论〉第二稿研究》(1992年版)这两本论文集中，都收载了我们写的论文。这套丛书还包括一部刘焱编的《〈资本论〉索引》(1991年版)。这套丛书中的重头著作，是宋涛主编的《〈资本论〉辞典》。它是集全国《资本论》研究者心血的一部著作。

刘焱同志和我参加了这部辞典编辑部的工作。我们出席完编辑部的会议回局后，组织编译局同志分别撰写了大约20多个条目。我记得自己曾经参考我国学者吴晗和郭沫若的详细考证材料，编写了一条在《资本论》中唯一提到的中国人王茂荫的条目。另外，编译局耿睿勤同志写的介绍《资本论》中文版的条目，也有相当的权威性。耿睿勤同志曾和胡永钦同志一道编写过一本马列著作在中国传播的书，他们当时曾遍访全国在世的名家和档案馆及出版社，掌握了大量的资料，所以写出的条目权威准确。

在人们的印象中，恩格斯的理论贡献似乎主要集中在哲学方面。其实不然，恩格斯的理论天才表现在各个方面。恩格斯同样在经济学方面有很多贡献。

1985 年为纪念恩格斯逝世 90 周年，编译局的荣敬本、周亮勋、王锡君和我四人合写了一本书《恩格斯的经济思想》（江苏人民出版社 1985 年版）。我还和局外同志（北大的商德文等）合写了一本书《恩格斯经济思想研究》（北京出版社 1985 年版）。最后，《资本论》》研究会创作史组作为十多年来研究《资本论》的总结和心得，大家集体合写了一本《〈资本论〉续篇探索》。

大家从研究《资本论》的手稿中得知，马克思《资本论》只是他最初计划写的《政治经济学批判》六册体系的一部分，马克思的《资本论》还应有“续篇”。大家合写的这本书就是从马克思的方法论和他自己的多处提示中发掘“续篇”的内容。这项研究具有开拓性，也有一定的难度，但对研究《资本论》的理论是很有价值的。《〈资本论〉续篇探索》由汤在新教授任主编，成保良教授和我任副主编，由中国金融出版社于 1995 年出版。这本书出版后曾获得国家社科基金的二等奖。

国外研究成果的引进。二战后，随着《资本论》前三部手稿的出版，《资本论》的研究在世界范围内进入了一个新时期。国外出现了不少重要的研究成果。我们一边在国内翻译这些手稿，一边把眼光注视着国外，并且设法把其中的重要成果引进国内来。经济处有意识地组织新来的青年人翻译一些国外的资料，作为“练笔”的过程。这期间译介到国内来的著作，有马恩室经济处的青年合译的德国图赫舍雷尔著《马克思经济理论的形成和发展》（马经青译，人民出版社1981年版）。经济处的同志和局外的学者合译的有，苏联马雷什著《马克思主义政治经济学的形成》（四川人民出版社1981年版）；苏联巴加图利亚和维戈茨基合著《马克思的经济学遗产》（贵州人民出版社1981年版）；苏联维戈茨基著《〈资本论〉创作史》（福建人民出版社1983年版）。这些著作的引进，对我国《资本论》创作史的研究产生了一定的帮助。

山东人民出版社还邀请我国研究《资本论》的学者，为他们出版社选编了一套《〈资本论〉研究译丛》（编译局周亮勋同志任这套译丛的主编）。所选的书目也都是国外研究新成果的代表作。编译局的同志们参与翻译了其中的一部分书籍。其中有孙开焕和鲍世明两人从俄文翻译的苏联伊林柯夫著《〈资本论〉中抽象和具体的辩证法》（山东人民出版社1992年版）；经济处集体从德文翻译的《论〈资本论〉第二稿》（山东人民出版社1991年版）；刘焱和辽宁师大的赵洪教授从日文翻译的《〈资本论〉百题论争》（山东人民出版社1992年版）；李其庆和冯文光从法文翻译的阿尔都塞著《读〈资本论〉》（中央编译出版社2002年版），等等。

除了以上这些重要著作译介到我国之外，若干年来，经济处的同志还翻译了相当数量的反映国外研究新成果的论文，大部分论文刊载在编译局编辑出版的资料丛刊《马克思恩格斯列宁斯大林研究》上。这个“丛刊”一直出版到2006年为止。它换过几个名称，开始时名为“马列著作编译资料”，后来名为“马列主义研究资料”、“马克思恩格斯研究”、“马恩列斯研究”等。还有一部分资料刊载在“《资本论》研究会”的会刊《〈资本论〉研究资料和动态》上（编译局马恩室经济处是这个刊物的编委之一，江苏人民出版社1981—1986年出版，共7期）。

值得一提的是，我还和冯文光同志有幸参加了由顾海良教授主持的《资本论》连环画的创作工作。1995年的时候，江西二十一世纪出版社召集了一批连环画画家，约60多人，共同创作《资本论》的连环画。事先由顾海良邀请研究《资本论》理论的学者六人，分头按照《资本论》的内容写出脚本，每段脚本后面都附上一个给画家们的“提示”，画家们再按照这段话和“提示”画出连环画的画面来。

例如论述《商品和货币》的部分，第一页是“使用价值”怎么画呢？画了三个场景，先画一个老教授，说商品是资本主义的经济“细胞”。另一幅画是一群买主在商店里买衣服，一个顾客说，“穿衣服可以御寒”。另一幅是一个面粉厂，顾客们相互说“面粉除了直接食用外，还可以做食品加工厂的原料。”第三页画三个画面。一个顾客在瓷器店买水杯，他说“我的水杯坏了，买只回去喝水”。另一个画面是顾客在买砂锅，他说，“我的砂锅坏了，买只回去煮汤。”第三个画面是马克思的头像，他说了一句《资本论》中的定义：“使用价值是由物品的自然属性决定的。”第五页画三个画面。第一幅画是，市场上买卖东西的人互相说“我的1夸特小麦换你的2把斧子”。有人提出问题：“为什么1夸特小麦正好换2把斧子呢？”有人就问：“两个东西中包含着共同的东西，这个共同的东西是什么呢？”第三个画面又是马克思的头像，他说：“这个共同的东西就是商品的价值，它是人类劳动在商品中的凝结。”《资本论》连环画就是这样一页页的画。人们看了以后，可以大略了解《资本论》的内容。

为了使画家们大体了解《资本论》的内容，顾海良教授和我曾专门去南昌为画家们讲解《资本论》。讲完后还留在南昌几天，解答画家们提出的各种问题。画家们热情也很高，在画的过程中他们不断地就脚本的内容来向我们提问。

画家们画出初稿后，再交给写脚本的人提意见，如果写脚本的人认为画面不合适，可以退给画家修改。就这样经过几次反复修改，《资本论》连环画终于在1995年12月正式出版，共计四卷（1298页），书名为《画说〈资本论〉》。这是我国出版的第一部正规的内容最全的《资本论》连环画。

总之，编译局自从1956年成立经济室以来，对我国马列主义经济理论研究和《资本论》的传播作出了多方面的贡献。如果说我国以前只有一部郭王译本的《资本论》三卷和一部《剩余价值学说史》，那么现在，经过编译局同志们的多年努力，我们进一步取得了重大成就。

总起来说，我们的贡献是：第一，我们重新译校了三卷《资本论》，提供了一套全新的《资本论》中译本；第二，我们新译出了《资本论》的两个重要版本，即法文版（1872—1875 年）和德文第一版（1867 年），使我国《资本论》研究者有了更多的依据和参考；第三，我们基本译出了《资本论》的前三部手稿（《1857—1858 年经济学手稿》、《1861—1863 年经济学手稿》、《1863—1865 年经济学手稿》）；第四，我们向国内译介了国外近年来研究《资本论》的许多新成果，包括一批新的著作和为数众多的新资料；第五，我们积极地参加了“中国《资本论》研究会”的学术活动，并且和国内学者一道写了一些研究著作和论文。由于这些成果和我国学术界的共同努力，我国的《资本论》研究得以和世界其他国家保持同步，甚至在个别领域走在了前头。

十三、理论的春天

中央编译局从1986年开始制定《马恩全集》中文第二版的计划。刚完成三大全集中文第一版，为什么紧接着就要规划《马恩全集》中文第二版？原因在于：首先，中文第一版《全集》没有把马恩的著作收全。第一版出版后，又陆续发现了不少新文献。其次，中文第一版的大部分文章，都是根据俄文版翻译的。现在，德文历史考证版（MEGA）逐步出版，我们自己也有了从德文原文译校的力量，因此已有条件把全部文献都按马恩的原著文字翻译出版。第三，中文第一版的文献资料，包括注释、索引等，都是从俄文版转译过来的，包括他们编辑工作的一些缺陷都沿袭到了中文版中。在中文第二版中，我们可以自己编写每卷的《前言》和注释资料等，从而可以把新的研究成果吸收进来，把已经发现的错误和缺陷加以改正。

按照编译局的规划，《马恩全集》中文第二版也将同《马恩全集》原文版即历史考证版（MEGA）一样，共分为四部分。第一部分是一般著作（共29卷）；第二部分是“《资本论》及手稿”各卷（共计17卷，即30—46卷）；第三部分是书信卷（约14卷左右）。这三部分加在一起预计共约60卷左右。第四部分为笔记卷，具体应该是多少卷尚未最终确定，预计至少有10卷以上。这样《马恩全集》中文第

《马克思恩格斯全集》中文第一版

《马克思恩格斯全集》中文第二版（部分）

二版总卷数至少应该有70卷以上。

由于苏联解体、东欧剧变，历史考证版（MEGA）的编辑出版工作进度受到影响。苏联和东德原来的两个研究院撤销，《马恩全集》改由国际马克思恩格斯基金会接手，修改出版进度缓慢。到目前为止，只有第二部分即“《资本论》及手稿”各卷已经出齐，这样我们才有把握把中文第二版第二部分各卷的内容最后确定下来。在这里，我只把“《资本论》及手稿”这一部分的各卷译校情况作一回忆。

现在可以确定的是，中文第二版“《资本论》及手稿”部分应具体分卷如下：

部分	卷次	篇　名
Ⅰ	第30卷 第31卷	1857—1858年经济学手稿 1857—1858年经济学手稿（结尾）；1859—1861年著作及手稿
Ⅱ	第32卷 第33卷 第34卷 第35卷 第36卷 第37卷	1861—1863年经济学手稿 1861—1863年经济学手稿（剩余价值理论Ⅰ） 1861—1863年经济学手稿（剩余价值理论Ⅱ） 1861—1863年经济学手稿（剩余价值理论Ⅲ） 1861—1863年经济学手稿 1861—1863年经济学手稿
Ⅲ	第38卷 第39卷	1863—1867年经济学手稿 1863—1867年经济学手稿
Ⅳ	第40卷 第41卷	1867—1882年经济学手稿（上中下三册） 恩格斯《资本论》第二、三卷编辑稿

续表

部分	卷次	篇 名
Ⅴ	第 42 卷	《资本论》德文第一版第一卷（1867 年）
Ⅵ	第 43 卷	马克思亲自校订的《资本论》法文版第一卷
Ⅶ	第 44 卷 第 45 卷 第 46 卷	《资本论》第一卷 《资本论》第二卷 《资本论》第三卷

这些具体卷次的划分也经历了一个过程。30—39 卷的内容早已确定，无非是《资本论》的前三部手稿。第 40 和 41 卷在 1986 年规划时尚难确定，因为当时相应的 MEGA 版卷次尚未出版。直到 2012 年 MEGA 第二部分第 4 卷第 3 册出版以后，才最终弄清楚中文第 40 卷到底应包括什么内容。这些我在后面还会提到。

下面，我把中文第二版第二部分“《资本论》及手稿”各卷的具体译校情况及各卷所遇到的问题简要记叙如下。

经济处正式译校中文第二版的工作从 1989 年开始。先从《1857—1858 年经济学手稿》开始，也就是从中文第二版第 30 卷开始。这时经济处一批老同志还健在，我们先把这一卷分头校订，最后由我统一审稿。这次所依据的底本是历史考证版（MEGA）原文，同时还可以参考俄文版、日文版《〈资本论〉手稿集》和英文版。MEGA 版是按马克思手稿的原样出版的。由于是手稿，马克思是随着自己的思想进程写下来的，很少写标题，也很少分段，有时接连三四页不分段。

我们经过研究决定，为了便于读者阅读，我们仍然参考俄文版来分段。但是，俄文版编者原来在这部手稿中加了过多的标题，我们中文版却不能照搬。俄文版第46卷(上下册）中编者加了大中小三级标题总共约有150个之多。乍看起来，一部手稿变得像一本教科书，失去了手稿的原貌，因而是不可取的。反观新出版的历史考证版则不同，编者除保留马克思原有的极少数标题外，只在最必要的地方加了少量的标题。我们仿照历史考证版编者的做法，自己拟定了打算加的少数标题的方案，打印出来，向我国《资本论》研究会的专家们请教，请他们专门开会研究了我们加标题的方案。因此，我们的中文第二版也体现了我国学术界的研究成果。

我们加标题的方案和历史考证版（MEGA）新加的标题总体上来说是一致的。但我们的方案比历史考证版的方案多一个标题“原始积累”。MEGA版的编者为这部手稿加的标题比较合理，他们参考了马克思自己写的两个提纲（《七个笔记本的索引》和《我自己的笔记本的提要》(参看《马克思恩格斯全集》中文第二版第31卷第299—304页、605—623页)。

例如，在《1857—1858年经济学手稿》中有一个标题，按照马克思自己的提示，“第二篇。资本的流通过程”这个标题应加在手稿第Ⅳ笔记本第15页（《马克思恩格斯全集》中文第二版第30卷第381页)，在这里，马克思在分析资本积累问题之前，先分析资本如何实现问题。他设定了五个生产部门，分析它们的产品在怎样的条件下才能得到实现。这部分论述，如果套用通行版《资本论》(《马克思恩格斯全集》中文第二版第44卷)，相当于第一卷第七篇“资本积累”部分的开头。分析完资本的产品实现问题之后，才论述资本积累和原始积累问题(《马克思恩格斯全集》中文第二版第30卷461页)。但如果我们把“第二篇。资本的流通过程”这个标题加在这里，那就会产生矛盾，仿佛马克思在写自己的手稿时，是把“资本积累”和“原始积累”问题放在“资本流通过程”中来分析的。这显然是不合适的。也许出于这个原因，MEGA版没有加“原始积累”这一小标题。但是把“原始积累”的标题加在什么地方，马克思在自己的索引和提要中有明确的提示，说“原始积累”部分属于生产过程的结尾。

在我国学者的讨论中，有人主张“第二篇。资本的流通过程”这一标题不应加在现在的地方，而应加在再往后的地方，即手稿第V笔记本第16页上(《马克思恩格斯全集》中文第二版第30卷510页)，因为手稿从那里才开始分析资本循环和资本周转、固定资本和流动资本等问题。如果把“资本的流通过程”的标题加在那里，倒是符合《资本论》通行版的结构，但又不符合马克思自己的提示。讨论的结果，大家依然同意按照马克思自己的提示来加标题，产生的矛盾则可以通过加注释的办法来说明。

我还记得，在1993年5月我随编译局代表团访问莫斯

1993 年编译局代表团访问莫斯科俄罗斯社会与民族问题研究所

科时，在苏联研究院见到 MEGA 版的主要业务负责人之一的维戈茨基教授，向他问过这个问题。他说应加上“原始积累”这个小标题，至于 MEGA 为什么没有加，他也说不清楚了。这样，我们只好在中文版中对“原始积累”这个标题加了一个卷末注（《马克思恩格斯全集》中文第二版第 30 卷卷末注 203），说明我们加这个标题的依据，并说明在这部手稿中马克思的篇章结构尚未最终确定下来。

《马克思恩格斯全集》中文第二版第 31 卷的前半部是《1857—1858 年经济学手稿》的结尾，后半部是 1859—1861 年著作及手稿，包括《政治经济学批判（第一分册）》及其手稿片段等。按理说，这个第一分册是正式出版的著作，不属于马克思的手稿，似乎不应编在马克思的经济学手稿部分。但是把这一著作编在这里却具有重要意义，因为这个第一分册是《1857—1858年经济学手稿》和《1861—1863年经济学手稿》之间的中间环节。放在这里是很必要的，因为《1861—1863年经济学手稿》一开始就是作为“第二分册”来写的。第30卷和31卷各自的《前言》是我起草的，在《前言》和有关的注释中，我把这部手稿的特点做了必要的说明。第30卷于1992年4月付排，1995年出版。第31卷于1998年出版。

《1861—1863年经济学手稿》篇幅巨大，在《马恩全集》中文第二版共包括六卷书（第32—37卷）。其中第33、34、35卷是《剩余价值理论》。这部手稿各卷在译成中文第一版时（中文第一版第26卷Ⅰ、Ⅱ、Ⅲ和第47、48卷），所依据的都是俄文版，俄文版对于原手稿的顺序作了调整，使人看不到手稿的原貌。现在这部手稿全部都在历史考证版（MEGA）第Ⅱ部分第三卷（1—6册）中以德文原文按手稿原样发表，这就更能使人看清马克思的整个思路。

这部手稿共6卷书，我们从一开始就决定由冯文光同志根据德文原文负责译校。考虑到手稿的篇幅，如果每两年译校一卷，那么至少也得花费12年时间。更何况其中有许多引文都是法文，这也是冯文光同志的强项。令我们没有想到的是，冯文光同志接手后，译校进度比预计的快很多，他没有花费10年工夫，就把这6卷书译校完成。这样，我们就可以在他的译稿的基础上，一卷一卷地审稿，陆续出版。这部手稿翻译出来编为《马克思恩格斯全集》中文第二版第32—37卷。其中的第32卷由冯文光同志译校，我和王锡君同志审稿。这卷《说明》是冯文光同志起草的。这一卷于1998年正式出版。

这里应当说明的是，在以原文和俄文发表这部手稿时，不论MEGA版的编者还是俄文版的编者，由于对手稿研究不够，都犯了一些错误。首先一个错误是，MEGA的编者把这部手稿的第XVI和XVII笔记本的前七页上写的“第三章。资本和利润”（见《马克思恩格斯全集》中文第二版第32卷408—502页）编错了地方。马克思自己在这部手稿中注明的写作日期是12月和1862年1月。这表明这部手稿是在《剩余价值理论》之前写的（《剩余价值理论》主要写在第V—XV笔记本中，写作时间是在1862年1月以后）。但编者囿于笔记本的编号（第XVI和XVII笔记本），把这部分手稿编在了第XV笔记本（《剩余价值理论》和“商业资本”）之后，同时断定马克思自己把写作日期写错了（编者认为应为1862年12月和1863年1月）。这样一来，就给读者造成了困惑。因为马克思在《剩余价值理论》中关于平均利润和生产价格的理论已经达到成熟程度，而在第XVI和XVII笔记本前七页上的这部分手稿中，平均利润和生产价格理论尚不成熟。如果把这部分手稿排在第XV笔记本之后，就会使人觉得马克思的理论发展反而后退了。

后来经过我国学者和其他国家的学者从不同角度反复研究，终于弄清楚：马克思在开始写1861—1863年手稿时，第三章“资本和利润”这部分手稿是从1861年写手稿时一开始就单独写在两个笔记本上的，笔记本当时并未编号。直到马克思在第XV笔记本中写完《剩余价值理论》部分并接着写商业资本时，才把两个笔记本编号为XVI和XVII，并置于第XV笔记本之后。那只是表示，马克思打算将来整理手稿时，应把这部分论述平均利润和生产价格的手稿和论述商业资本的手稿放在一起，因为它们同属于《资本论》第三册的范围。可见，马克思自己注明的写作时间并没错，只是手稿笔记本的编号是后来才写上的。我们在译校中文第二版时吸收学者们的研究成果，把这两个笔记本放在《剩余价值理论》之前，恢复了马克思自己写的日期并加了注释予以说明。

《马恩全集》俄文版的编者还犯了另外一个错误。他们在编辑俄文版《马恩全集》第48卷的时候，把《1861—1863年经济学手稿》中的两章编为《资本论》第二卷的组成部分。这就是[第九章。再生产过程]和[第十章。插入部分。资本主义再生产中的货币回流运动]（标题是俄文编者加的，见《马克思恩格斯全集》中文第一版第48卷第123—172页和第173—250页）。

经我国学者研究证明，上述第九章在马克思的手稿中应属于《资本论》第一卷《资本的生产过程》中的一章，是马克思在分析资本积累过程之前，考察资本各生产部门之间的产品如何实现的问题。上述第十章在马克思的手稿中应属于《资本论》第三卷论述各种收入及其源泉这一部分的一个“插入部分”。这两章都与《资本论》第二卷《资本的流通过程》无关。因此，把这两章单独抽出来编成第二卷的两章手稿，在理论上是不对的。在编辑中文第二版时，我们吸收了我国学者的研究成果，改正了俄文版编者的错误。在上一节中我曾说，我国学者在研究《资本论》创作史的某些领域走在了世界前列，就是指以上这些方面。这方面的详细情况，可参看《〈资本论〉第二稿研究》（山东人民出版社 1992 年版）一书的“附录”。

应人民出版社的请求，要我们提前先把三卷《资本论》中文第二版译校出来，以适应社会的需要。我们刚完成了《马恩全集》第 32 卷的审稿工作之后，我和王锡君、冯文光等同志就转入了校订《资本论》中文第二版的工作。在这之前，周亮勋同志已较早地转入仔细译校《资本论》第一卷的工作。他工作很细，我们只是把他译校过的稿子再审核一遍，就能付排。

周亮勋同志是《资本论》第一卷的主要负责人。《资本论》原来的译文本身就很好，这次译校等于是锦上添花。

虽然整体上来说，中文第二版译文没有什么重大的改变，但全卷细小的改进仍然不少。

例如，在第一版中涉及纺纱机时，曾使用过“环锭精纺机”这一名称。这次经过核查，“环锭精纺机”是美国人 1828 年才发明的，从马克思引用的资料来看，当时还不存在“环锭精纺机”。这些机器确切地说，应译为“翼锭纺纱机”。所以这次译校就作了修改。

再如，在《资本论》中文第一版中，我们按照当时中文版的传统译法，都译成“商品所有者”“货币所有者”。但德文原文中马克思写的是“商品占有者”“货币占有者”。这次我们在第二版中都改了过来，以更符合马克思的原文，如此等等。

《资本论》第二卷是冯文光同志负责译校的，王锡君同志和我担任了审定工作。《资本论》第三卷是由周亮勋、王锡君和我各译校三分之一，然后再互校定稿，最后由王锡君同志统一审定。

中文新版的三卷《资本论》的资料吸收了近年来的研究成果，比以前更加完善。三卷的《名目索引》都经过专人逐条逐页核对过，并且根据当前社会的需要，增加了一些必要的条目，如“农业在国民经济中的地位”、“生态”等条目。重新校订的《资本论》第一卷（《马克思恩格斯全集》中文第二版第 44 卷）于 2001 年出版，第二卷（《马克思恩格斯全集》中文第二版第 45 卷）于 2003 年出版，第三卷（《马克思恩格斯全集》中文第二版第 46 卷）也是在 2003 年出版的。

在这以后，我们重新回来继续完成经济学手稿各卷的译校工作。但在 2004—2009 年这六年，我们转入了马克思主义理论研究和建设工程的工作。工程完了以后，才继续中文第二版的工作。中文第二版第 33、34、35 卷都是《1861—1863 年经济学手稿》中的《剩余价值理论》部分。这三卷的《前言》初稿是我统一起草的，王锡君同志和我共

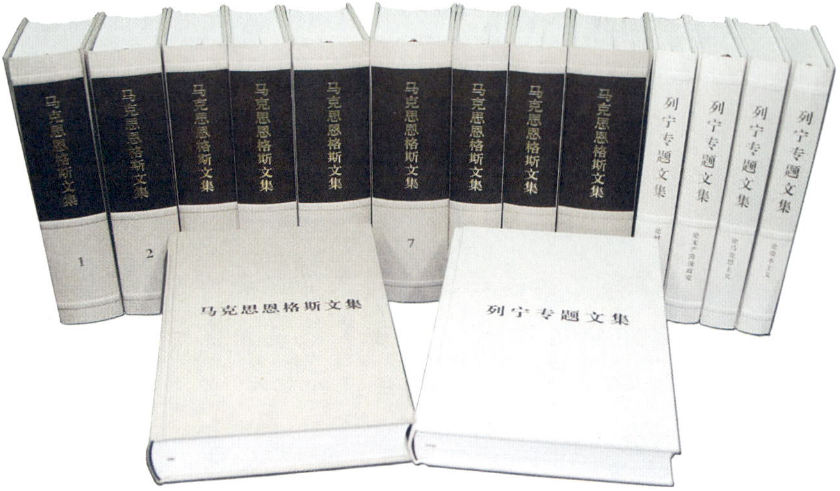

《马克思恩格斯文集》和《列宁专题文集》

《马克思恩格斯文集》《列宁专题文集》出版座谈会

同审定了每一卷的译文，第 33 卷于 2004 年出版，第 34 卷于 2008 年出版，第 35 卷是 2014 年出版的。第 36 卷的内容是《1861—1863 年经济学手稿》中关于商业资本、各种收入及其源泉的论述，属于《资本论》第三卷的内容。这一卷已由王锡君同志审稿完毕并由他起草了《前言》初稿。这一卷是在 2015 年出版的。第 37 卷的内容是与《资本论》第一卷后半部有关的内容，包括关于机器和工业大生产的论述，资本积累等问题。这一卷已由我审稿完毕并起草了《前言》初稿，正等待按顺序付排。经由马列部的徐洋同志对这一卷进行最后加工，第 37 卷于 2019 年出版，这样，《1861—1863 年经济学手稿》就算出齐了。

《1863—1865 年经济学手稿》被编在中文第二版《马恩全集》第 38 和 39 卷中。第 38、39 卷的封页上虽然写的是“1863—1867 年手稿”，但《1863—1865 年经济学手稿》依然是这两卷的核心内容，只不过在 39 卷的最后收载有一篇 1866 年写的手稿而已。第 38 卷收载的是《1863—1865 年经济学手稿》中《资本论》第一册残篇《第六章。直接生产过程的结果》和第一册其他章节的零星手稿；还收载了《资本论》第二册第 I 稿。第 39 卷收载《资本论》第三册的主要手稿《总过程的各种形态》。这部手稿篇幅巨大，是马克思生前留下的《资本论》第三册的唯一的主要手稿，也是恩格斯据以编辑《资本论》第三卷的主要基础。

《1863—1865 年经济学手稿》被称为马克思写作《资本论》的第三部手稿，是马克思从 1863 年 7 月到 1865 年底期间写成的。根据《马克思恩格斯全集》历史考证版编者的考证，马克思 1863 年 7 月至 1864 年 4 月先写了《资本论》第一册的手稿。1864 年夏天起马克思开始写第三册的“主要手稿”。在写作过程中，大约在 1865 年上半年，马克思转而写作第二册的手稿（第二册第 I 稿），写完第二册的手稿之后，大约 1865 年下半年，马克思才继续写完第三册“主要手稿”的后半部分。在 1866 年，马克思把第一册付排时，他重新整理了第一册的手稿，这时把其中的《第六章。直接生产过程的结果》和以前的个别章节的片断抽了下来，而其余的章节经过整理和补充，都作为第一册的正文付排了。这就是《1863—1865 年经济学手稿》的第一册只有第六章等残篇的原因。《1863—1865 年经济学手稿》的具体写作过程，曾是学术界长期争论的问题，不过近些年大家的认识逐步趋于一致。

但是，MEGA 第二部分第 4 卷在发表这部手稿时，由于编者当时的认识水平和研究考证方面的缺陷，产生了一系列的问题。1988 年，在第 4 卷开始出版的时候，编者当时认为，马克思在《1863—1865 年经济学手稿》之后紧接着写的《资本论》的一些第 3 册和第 2 册的片断手稿（包括第 3 册的 7 份片断手稿，第 2 册的 3 份片断手稿和 3 份既有第 2 册内容又有第 3 册内容的 3 份片断手稿），都是属于《1863—1865 年经济学手稿》同一写作时期的，当时判定的写作日期也都应在 1867 年以前。

由于当时的这种认识，编者于是决定 MEGA 版第二部分

第4卷共应包括三个分册。第1分册（Ⅱ—4.1）收载第1册的残篇《第六章》等和第2册第Ⅰ稿；第2分册收载第3册的“主要手稿”；第3册收载《1863—1865年经济学手稿》以后（并且是到1867年为止）的那些片段手稿。不但如此，编者还把第4卷的总标题写成“1863—1867年手稿”。编者只在第1分册的《前言》中说明，《1863—1865年经济学手稿》是1863—1867年手稿的主要组成部分。这样的编法和所加的总标题就出了问题。第二部分第4卷第2分册（Ⅱ—4.2）于1992年出版。主要问题存在于第二部分第4卷第3册上。而到2012年第4卷第3册（Ⅱ—4.3）出版的时候，MEGA的编者把以上的认识和编法都推翻了。

负责MEGA Ⅱ—4.3的主要编者卡尔·埃·福尔格拉夫博士认为，由于MEGA原编者在20世纪80年代初在构想第4卷的收文时，对手稿写作时间的判断有误，把马克思主要写于1867年《资本论》第一卷出版之后直到1868年底时期写的一些手稿判定为《资本论》出版之前写的。由于发生了这种情况，MEGA Ⅱ—4.3的编者只好按照新考证的手稿写作时间，把第4卷第3分册的写作年代改为“1863—1868年”，这就和第1、2分册的年代不一致了。不仅写作年代相互矛盾，更为重要的是，第4卷第3分册收载的这些片段手稿，按其内容，并不属于《资本论》第一卷出版以前的写作阶段，相反，它们应属于《资本论》第一卷正式出版以后的一个新的写作阶段。

既然如此，我们中文第二版就有了充分的理由，不再沿袭 MEGA 的编法，而只把《1863—1865 年经济学手稿》（即Ⅱ—4.1 和 4.2）作为一个独立写作阶段的成果，收载到《马恩全集》中文第二版第 38 和 39 卷中，并在最后加了一篇 1866 年的手稿。虽然两卷书的封面上仍写的是“1863—1867 年学手稿”，但内容已经和 MEGA 第二部分第 4 卷第 3 册的编法截然不同。

《1863—1865 年经济学手稿》的一部分中译文，即《第六章。直接生产过程的结果》和一些片段，以及第 2 册第Ⅰ稿，早已收入了《马恩全集》第一版第 49 卷。这次我们把这些译文收入《马恩全集》第二版第 38 卷时，由我和冯文光同志重新根据 MEGA 版的原文校订了一遍。在第 38 卷最后收载了马克思写于 1866 年的一篇手稿，是专门批判马尔萨斯的一篇脚注的手稿。最后，第 38 卷由马列部的张红山同志整理加工，于 2019 年正式出版。至于第 39 卷收载的《资本论》第三册“主要手稿”，它是 1992 年 MEGA 版第二部分第 4 卷第 2 分册出版时才发表。这是《1863—1865 年经济学手稿》中篇幅巨大的一个组成部分，翻译这部分手稿是一大工程。关于这部手稿，我们早就邀请社科院经济研究所的王辅民研究员负责翻译。

王辅民同志是《资本论》研究会的副秘书长，他长期从事马克思经济学手稿的研究，是研究会中《资本论》创作史组的重要成员，也是我们局的长期合作伙伴，他的译风也和编译局的译风相近。他不辞劳苦，勇敢地承担了这一重大任务。首先要把这部手稿的德文原文和《资本论》第三卷正式版本的德文原文仔细核对，然后才能分清外文和中译文什么地方应保持一致，什么地方需要自己重新翻译成中文。这样，他的工作量比平常的工作量增加了一倍还多。他付出了极大精力，总共用了近七年的时间，才把全书的基本部分译了出来。

在他的译稿的基础上，我又花费了将近三年的时间，进行了一遍审稿工作并起草了一份《前言》初稿。在审稿中还有一个“插曲”。王辅民同志在把译稿交给我时，告诉我译稿中有一段荷兰文引文没有解决。这可给我们出了难题，谁懂荷兰文？几经波折，图书馆中连荷兰文词典都找不到。后来没有办法，只好找德国专家考普夫。在德国，懂荷兰文的人却有很多。一般的学者，只要具有大学以上文化水平，大概都懂一些。经考普夫教授努力，最后由他把这段荷兰文译成了德文，然后我们才转译成了中文。现在第 39 卷正由马列部的张凤凤等同志整理加工，大概 2021 年即可付排。

中文第二版第 40 卷（上中下三册）预计包括 1867 年以后直到 1882 年马克思逝世前一年为止的全部《资本论》第二册和第三册的手稿，也可以叫做马克思的第四部经济学手稿（或者可以叫做“1867—1882 年手稿”）。上面已说明，MEGA Ⅱ 第 4 卷第三分册收载的手稿片断是属于 1867 年之后的时期，是马克思《资本论》第一卷出版后直到 1882 年为止的时期的全部手稿的开头部分。再加上 MEGA 第Ⅱ部分第 11 卷和第 14 卷发表的马克思晚年的手稿，总共包括 29 篇手稿。我们的规划中，把这全部手稿编为《马克思恩格斯全集》中文第二版第 40 卷（上中下三册）的内容，可称为“1867—1882 年手稿”。同时，我们还考虑把 1867 年《资本论》第一卷出版后，马克思为《资本论》第一卷第 2、3 版内容改进所写的手稿，也包含在第 40 卷中。这一卷书的详细目录仍在编排中，同时这些手稿的正文目前正在翻译中。

在 MEGA 中，第二部分第 12 卷是恩格斯编辑《资本论》第二卷的编辑稿，第 14 卷后半卷是恩格斯编辑《资本论》第三卷的编辑稿。我们把这些手稿合起来打算编成中文第二版的第 41 卷。按照我们的计划，中文第二版第 42 卷是《资本论》德文第一版第一卷（1867 年）。第 43 卷是马克思亲自校订的《资本论》法文版第一卷。第 42 卷和第 43 卷原本已经出版有单行本，现在收入《马恩全集》中文第二版时对译文重新校订一遍即可。第 42 卷由夏静和我负责译校，第 43 卷由周思成、李其庆和冯文光负责译校，现在这两卷书都已经正式出版了。完成后我们将转入第 41 卷的翻译。以上就是《马克思恩格斯全集》中文第二版“《资本论》及手稿”这一部分各卷到目前为止（2020 年）的出版和译校情况。《马克思恩格斯全集》中文第二版第二部分“《资本论》及手稿”总共计划是 17 卷（19 册）书，如无意外，按计划有可能在今后几年全部完成。

正当大家热火朝天地从事《马恩全集》中文第二版编译工作的时候，2004 年 4 月党中央启动了“马克思主义理论研究和建设工程”。这是一项伟大的工程，具有重要的理论意义和现实意义。编译局承担的重大任务之一，是选编和校定一套《马克思恩格斯文集》（十卷本）和一套《列宁专题文集》（五卷本），编选这两套文集的目的是为全国深入学习和研究马克思主义理论提供译文更准确、资料更翔实的基础文本。我虽已年过古稀，也被邀请参加编选《马克思恩格斯文集》（十卷本）的光荣任务。

为完成《马克思恩格斯文集》（十卷本）的选编任务，编译局成立了一个由老中青三代人组成的课题组，由局长韦建桦同志担任主编，顾锦屏同志担任副主编。除马恩室的中青年同志外，我们几个被返聘的原经济处的“老家伙”也加入课题组发挥余热。课题组的任务是，先选出每一卷的文章，然后按照中文第二版的标准认真校订译文，最后再增加和修订注释等资料，使之更翔实，更符合社会的需要。经过反复编选，最后选出了马克思恩格斯在各个时期写的有代表性的重要著作。

第一卷收入的是马恩 1843 年至 1848 年时期的著作；第二卷收入的是马恩 1848 年至 1859 年时期的著作；第三卷收入的是马恩 1864 年至 1883 年期间的著作；第四卷收入的是恩格斯 1884 年至 1895 年的著作；第五、六、七卷为《资本论》第一、二、三卷；第八卷为《资本论》手稿选编；第九卷收入的是恩格斯的两部专著《反杜林论》和《自然辩证法》；第十卷为马克思和恩格斯书信选编。

我和冯文光同志被分配主持《马恩文集》第八卷的编选和校订工作，并兼管《文集》中收入的三卷《资本论》的有关编辑事务。由于《资本论》三卷刚完成译文校订工作并以中文第二版方式出版了新译本，所以这次直接收入《文集》五、六、七卷即可，只有少量的编辑事务。我们的主要任务就是编好第八卷。

编第八卷的任务是从《资本论》前三部手稿中摘选有关的重要论述，作为对《资本论》的理论观点的补充和阐发。这是一项全新的任务，我们的前人未曾做过这样的事。当初在规划这部《马恩文集》的时候，无论局内的同志还是局外学术界的人士，都主张在这部十卷本的《马恩文集》中要设置这个第八卷。因为《资本论》的三大手稿已经在我国出版，其中包含许多重要的理论论述，在现行版的《资本论》中是没有的。因此，从《资本论》三大手稿中摘选《资本论》中没有谈到的或者没有展开论述的理论片段，作为对《资本论》的补充，是非常必要的。但究竟从《资本论》的三大手稿中摘选哪些片段，确实颇费心思。

我们先后把初选的片段写成材料并附上理由，向国内的学者们征求意见，并得到他们的帮助。在国外，只有英国的麦克莱伦摘选过马克思的《1857—1858年经济学手稿》。在整个编选过程中，我们深深地感到，马克思的经济学手稿确实是非常丰富的理论宝库，尤其是《1857—1858年经济学手稿》，更值得深入地挖掘和探索。

我们最初从三部手稿中摘选了50多万字的初稿，后来又反复加以压缩，最终选取了约42万字的定稿。从1857—1858年手稿中选取了《导言》全文和另外的13个片段。这些片段包括：关于人的关系的历史发展的三种社会形态的论述；关于资本主义以前的各种所有制形式的论述；关于商品、货币和资本的本质和矛盾的分析；关于科学技术是重要生产力的论述；关于未来的共产主义社会的某些预测的论述，等等。

从《1861—1863年经济学手稿》中摘选了四个片段，内容包括：关于生产劳动和非生产劳动的详细分析和论述；关于经济危机问题；关于机器、自然力和科学的应用问题；关于在未来的社会中重新建立个人所有制的问题。

从《1863—1865年经济学手稿》中摘选了未载入《资本论》第一卷正式版本的《第六章。直接生产过程的结果》这一部分手稿；还摘选了《资本论》第二册第Ⅰ稿中详细论述物质资料再生产的问题，内容涉及如何靠挖掘潜力来不断扩大和提高生产的重要论述。

冯文光同志和我两个人与整个课题组的青年同志一道，从各卷的选材、校订译文、直到最后确定各卷的注释等各种资料，进行了五年多的紧张工作，终于在新中国成立60周年前夕完成了任务。“马克思主义理论研究和建设工程”的一项重大工程，即《马克思恩格斯文集》（十卷本）和《列宁专题文集》（五卷本），最终在2009年12月全部正式出版。2009年12月25日在人民大会堂隆重举行了两部文集的出版座谈会。我们承担的“理论工程”任务最终胜利完成之后，从2010年开始，我们又重新回到了《马克思恩格斯全集》中文第二版的译校工作上来。

我从1953年来局工作，当时只有23岁，到1992年底退休，已经整整工作了40年，我已经年满62岁，超过了我的退休年龄。我在1993年1月正式办理了退休手续。但局里仍然返聘我和原来经济处的几位老同志一道，继续从事《马恩全集》中文第二版的工作，从此我又继续工作了十五六年。今天，我有机会将这些时光中的点滴经历讲述出来，既是完成了自己的回忆也是给后辈们讲述过去的故事。

附录

马克思主义经典文献
编译口述史

附录一　事实的考证和专业知识的质疑

——译校《资本论》和马克思经济学手稿的片断回忆

张钟朴

在翻译马克思主义经典著作的过程中，遇到许多涉及具体历史事实和各种专业知识方面的问题。对于这些问题必须认真对待，用寻根究底的精神进行考证，稍一大意就可能造成错误。有的问题只查找资料，甚至查找百科全书也不能彻底解决，在这种情况下就要尽量向社会上的各科专家质疑。切忌自己没有弄懂，就按照外文字典逐字搬过来了事，这样往往闹出笑话。这是翻译工作中非常重要的一个方面。几十年来在翻译经典著作过程中遇到的这方面的一些情况，至今记忆犹新。

记得我们在译校《资本论》时，遇到马克思在论述货币理论时专门加的一个脚注，提到了中国清朝的王茂荫主张货币兑现而受到皇帝申斥的事。这是《资本论》中提到的唯一中国人。当时流行的郭王译本是这样译的："理财官王茂

本文为2003年纪念中央编译局成立50周年所作。

荫有一次曾上条陈给天子，暗中要把不兑现的钞票，化为可以兑现的银行券。1854 年 4 月大臣审议的报告中，对于他的计划，曾痛加指斥。他是否因此受过笞刑，却没有记录可查。报告的结论说：‘臣等仔细审议了该项计划，发觉它完全是为商人利益，于皇室毫无利益可言。’”[①] 并注明这是驻北京俄国公使馆关于中国的调查报告，该文集由 K.Abel 和 F.A.Mecklenburg 合译成德文，1858 年在柏林出版。这个脚注涉及的是中国人和中国的事，必须把历史事实考证清楚。特别是其中还有大臣审议报告的直接引文，中文版应当恢复成原文。我们在查找资料的过程中发现前辈学者对这件事作过大量的研究和考证工作，其中最突出的是郭沫若和吴晗。郭老的考证和研究文章都收集在《沫若文集》第 11 卷中，吴晗的文章则收入《读史劄记》中。他们留下的大量宝贵资料不仅把这件事的来龙去脉讲得很清楚，而且给我们树立了严格的科学的治学榜样。

原来在《资本论》最初的中译本中，把人名按译音译成了“万卯寅”。当时正在日本的郭老读了这个注，当即向国内报刊写文章，提出中国学者有义不容辞的责任把这个问题研究清楚，否则会被外国学术界耻笑。国内学者纷纷响应郭老的号召，从此报刊上不时出现有关考证的文章。郭老自己也身体力行，投入了这项研究工作。其中写文章最多的就是吴晗。最后终于弄清了事实。王茂荫（1798—

① 见《资本论》第 1 卷，郭大力、王亚南译，北京：人民出版社 1956 年版，第 3 章，脚注 83。

1865）是安徽歙县人，清朝道光时的进士，在咸丰时期历任监察御史、户部、兵部等侍郎。咸丰皇帝时期（19世纪中叶）由于太平天国革命运动和帝国主义的入侵，弄得国库银两空虚，皇帝和大臣们为解救财政危机纷纷想出各种办法。当时任监察御史的王茂荫曾向皇帝建议发行能兑现的钞票，因而受到皇帝的重视，委任他为户部右侍郎兼管钱法堂事务（类似现在的财政部副部长兼国家银行行长），但皇帝决定发行的是不兑现的官票（1853年6月发）和宝钞（同年12月发），结果造成通货膨胀，市场混乱，工商业受到破坏。当时在北京的安徽商人颇有影响，主要经营茶叶、钱庄和典当业，被称为徽派。王茂荫和他们交往密切，反映他们的要求，于是上奏皇帝，要求将不兑现的钞票改成兑现，以便稳定币制。这正好违背皇帝和大臣们的心意，因为发钞票的目的是解救银库空虚，如果改成兑现，就必得由国家拿出现银来，所以王茂荫的主张受到皇帝和大臣们的申斥。皇帝把王茂荫的奏折交给恭亲王奕䜣为首的大臣们核议，大臣们议后回奏皇帝说："臣等详阅所奏，尽属有利于商，而无益于饷；且该侍郎系原议行钞之人，所论专利商而不便于国，殊属不知大体……所奏均不可行"。皇帝也申斥他："只知以专利商贾之词，率行渎奏，竟置国事于不顾，殊属不知大体……王茂荫着传旨严行申饬。"（见《咸丰东华录》）王茂荫虽然没有像马克思猜想的受到笞刑，却被调离户部，改任兵部右侍郎，取消了他对币制的发言权。

事情简单说来如此，但实际情况比这复杂得多。吴晗的文章中详细地从王茂荫的《王侍郎议奏》中多次引用了他的奏折的原文，郭老的文集不但有大量考证文章，而且有当时发行的官票和宝钞的照片，郭老最后还对《资本论》中的这个脚注应如何译写了一个方案。这些都成了我们译校时的重要参考。附带说一下，直到最近出版的德文原文《马恩全集》历史考证版（MEGA）第2版有关卷的资料册中，仍然只有王茂荫的人名，而没有小传。这可能是由于中文难于掌握，外国人不能利用中文资料的缘故吧。我们现在在《马恩全集》中文版第23卷第146—147页（中文第2版第44卷第149—150页）上见到的注83的译文，就是在郭老提供的译文方案基础上形成的。最后应指出，马克思引证的书刊名称德文原文为《帝俄驻北京公使馆关于中国的著述》，但事实上当时俄国在北京尚未有公使馆，只有“俄罗斯正教驻北京传道团”代行官方代表的职能。为此又要加一个卷末注把历史事实交代清楚（见中文版第2版第44卷卷末注137）。

再一件事就是《资本论》第1卷中一个地理事实的考证。马克思在第14章中论述自然条件对人类劳动的影响时，说到西米树上可以为人类长出粮食（西米）来，在郭王译本中有关的一段话是这样译的：“我们试以亚细亚爱琴海东部诸岛的居民为例来考察吧，那里西米树野生于森林中。‘居民在西米树上钻孔，抽出它的髓，混以水，滤清它，就能获有完全可以食用的西米。……居民像采薪一样，到森林，去砍取面包。’”[①]。在这段话中，译为“亚细亚爱琴海东部诸岛”的原文是“Ostliche Inseln des asiatischen Archipelagus”。乍一看来，这句话好像问题不大，但仔细一想不对了。爱琴海在希腊旁边，应在欧洲，不在亚洲。打开地图一查，爱琴海中确有北、南两个斯波拉提群岛，好像就是上述外文 Archipelagus 的音译。其中南斯波拉提群岛在爱琴海东部，临近土耳其，是否这个群岛属于亚洲？但欧亚两洲的分界线难道会在爱琴海中划开吗？觉得这是个问题，但查找毫无结果。于是换一种思路，再找爱琴海中各群岛都有什么物产，但任何一个百科辞典都没有提到那里产西米树和西米。第三步，我们直接从各种百科辞典中查找西米（sago）这一词条。结果发现，虽然各种介绍西米的资料有简有繁，但有一个共同点，都异口同声地说西米树是棕榈科植物，生长在东印度群岛，即今天的马来西亚和印尼这些地方。这就发生了明显的矛盾。这时再回头来查 Archipelagus 这个群岛名，才在较完备的外文辞典中查清，原来它有两个含义，第一含义是爱琴海中的群岛，第二含义是从第一含义转义而来，成为普通名词“多岛海”或“群岛之海”。这时才恍然大悟。原来马克思指的就是东印度群岛，与爱琴海无关。经过这样的考证，我们才把译文改成：“我们可以举出亚洲群岛的东部一些岛屿上的居民的

① 见《资本论》第1卷，郭大力、王亚南译，北京：人民出版社1956年版，第632—633页。

例子。”[①] 经过修改的这一句不引人注意的译文，已经在不知不觉中把群岛从爱琴海移回到了它应该在的太平洋了。这件事使我们以后几十年都没能忘记，永远记住译校经典著作时连一点“小事”都不能马虎。

有些科技知识和名词术语，单纯靠词典来译是绝对不行的。译校者自己必须把所译的内容弄明白，遇到不懂的专业知识时，有时必须请教各科专家或力争见到实物。例如，马克思在《1861—1863年经济学手稿》中写了《机械。自然力和科学的应用（蒸汽、电、机械的和化学的因素）》这一部分手稿[②]，译成中文近20万字，内容非常丰富，它就是后来《资本论》中论述机器大工业的那一章的最初稿。为了写这一部分手稿，马克思不但使用了自己多年积累的有关技术史的大量资料，而且还亲自去听韦利斯教授讲的技术课。1851年5—10月期间，在伦敦举行了世界工业博览会，马克思曾亲自去参观，博览会的技术说明书后来汇编成《各国的工业》一书，于1855年出版。马克思在这部分手稿中充分利用了这些资料，内容分别记叙了从古至今的各项科技成果，包括磨、钟表、马车、火药、指南针、印刷术、棉毛纺织和针织、榨油、造纸、水压机、蒸汽机、

① 《马克思恩格斯全集》第23卷，北京：人民出版社1972年版，第563页；《马克思恩格斯全集》第2版第44卷，北京：人民出版社2001年版，第589页。

② 《马克思恩格斯全集》第47卷，北京：人民出版社1979年版，第359—602页。

鼓风机、光学仪器、铁路、轮船、机器制造、自动化工厂，等等，几乎概括了到那时为止的所有重要科技成果。我们在译校这一部分科技内容的手稿时遇到了极大的困难。原译稿是社科院自然科学史所的两位同志译的。他们的专业知识比我们强，但仍有许多地方没译出来，而且马克思那时的一些机器、工具和现在不一样，完全用现在的名词术语来译也是行不通的。

马克思说毛纺织业是很古老的产业，早在罗马时代就有了。手稿中详细地记载了毛纺织业的各道工序，例如松毛、开毛、洗毛、纺纱、加捻、摇纱、织成呢绒后还有剪毛、起绒、缩绒，等等。还有各种织机、如普通织机和提花织机（加卡式织机），等等。其中有些工序和机器，我们连一点概念也没有。为此我们专门去参观了北京清河制呢厂。那是一个老厂，还有些古老的机器，在每一道工序上，遇到我们译稿中提到而我们不懂的问题就提问，终于有了初步的感性认识。但是有些具体细节仍然没有弄懂。

例如，马克思写的毛纺的第一道工序说："普林尼已经知道用梳子、铁扒、梳针，也就是用带铁齿的工具来松毛、开毛和梳理毛。这种铁扒后来有所改进，而且增加了铁齿数等。"[①] 现在这段译文开头的 3 个工具，当初只有俄文（德文原文当时尚未发表），翻译起来颇费周折。俄文是 Гребни, Скребки, Карды。原译稿只把第一词译为"梳子"，其余

① 《马克思恩格斯全集》第 47 卷，北京：人民出版社 1979 年版，第 433 页。

两个词未译出来。第二个词在俄华纺织字典上根本找不到，一般字典上说是“刮”或“挠”的意思，好像可以译“挠子”之类。第三个词在纺织字典上注明是“针布”或“粗梳机”。这也不能用，难道在将近2000年以前的普林尼时代，古罗马人会使用如此现代的工具吗？我们通过熟人再一次找到了清河制呢厂的一位工程师，他有丰富的毛纺织技术史的知识，懂英语，又自学了俄语。我们先把初译稿念给他听，由他把译文中的“外行话”给改过来，再由我们形成文字，从头到尾他都听懂了，才算定稿。上面那3件梳毛的古老工具就是由他帮助“定稿”的。现在书中关于纺织业的短短几页译文，就是这样一步步“啃”出来的。为了这些译文，我们总共去了工厂三次。

马克思非常重视造纸生产，认为它是自动化生产的典型之一。马克思在这部分手稿中详细记载了造纸过程的各道工序。其中包括5道预备工序，12道正式工序和最后的2道整理工序[①]。为了译好这一部分，我们找到了北京造纸总厂的一位工程师，按工序向他质疑，把我们的初译稿念给他听，并参观他们的生产过程。我还记得，初译稿把第一道预备工序中粉碎破布的机器译成“带钢齿的磨”，工程师一听就笑了，他打断我们说，那不是磨，是粉碎机，上面装的不是“钢齿”，而是“刀”。然后他领我们看了这个设备，我们才弄明白。这部分译稿也是从头到尾念给这位工

① 《马克思恩格斯全集》第47卷，北京：人民出版社1979年版，第441—446页。

程师听，由他帮助“定稿”的。

其他方面的专业知识，也都曾分别向有关单位质疑过。我记得，水利和电力方面的问题，我们曾向水电部研究所质疑。货币和票据问题，我们曾向中国人民银行研究室质疑。关于马克思论述工场手工业分工时举的钟表制造的例子，我们找到了一位曾在新中国成立前旧社会修表的老工人师傅，才算基本上把老式手表的各种部件弄明白。

有一件事使我们永远难忘。马克思在《资本论》第2卷第Ⅱ稿中讲到流通过程的运输费用时，大段地引用了1867年伦敦出版的英国驻外使馆关于中俄茶叶贸易的资料。其中关于福建茶叶在中国境内的运输路线，现在的译文是：“较大部分的茶叶是在广州东北的福建省收来的，经陆路或水路运往衢江。从那里由苦力用福琼所描写的办法翻山越岭把茶叶运到常山。在这里把茶叶装在小船上，每只船约装载200箱。而后这些船只沿汇入钱塘江的河流往下航行40俄里，在那里茶叶又转上能装500箱的船只，载茶叶的船只过汉口市（译者注：俄文原文如此，可能是杭州市。）后进入东海，然后它们沿岸到达春申江（原编者注：可能是吴淞江），沿江到上海……”[①] 往下就是描写茶叶如何由海路到天津，再经张家口到达恰克图，然后越过漫长的西伯利亚，最后到达莫斯科和彼得堡，路程总长度一万多俄里。

这段译文有关中国地名的确定可以说费尽了周折。马

① 《马克思恩格斯全集》第50卷，北京：人民出版社1985年版，第82页。

克思是从英文引用的，但我们见到的只是俄文（马克思这部手稿的德文原文直到今天尚未发表）。“衢江”的俄文是 **чжучан**（音译：珠江？），“常山”是 **цзиньчжан**（音译：津章？），“汉口”是 **ханькоу**，“春申江”是 PEKA kising（编者注明可能是 **усун** 江）。我们先把这些地名音译出来，再去找清朝的地图。我局图书馆有一套很珍贵的历史地图册，我们查遍了福建和浙江两省的古老地名，也找不到和译音相近的地方。面对地图，一会儿是“珠江”，一会儿是“汉口”，思绪在大江以南跳来跳去。但引文中明白写着沿钱塘江入海。我们逆江而上仔细查，也找不到同译音相近的地方，最后只得在每个地名后面加圆括号注明“音译”二字。难道就这样拿去付印？心中始终不安，尤其是先辈学者考证王茂荫的精神不时涌现在脑海中，总觉得我们有义不容辞的责任恢复中国地名的原貌。

1983 年 2 月底，中国资本论研究会在厦门大学召开第二届学术讨论会，纪念马克思逝世 100 周年，同时举行了一个《资本论》研究成果展览会。我们觉得这也许是一个解决问题的机会。福建一带的地名到福建去找，也许会容易些吧。我们把即将出版的法文版《资本论》的清样和《资本论》第 2 卷第Ⅱ稿的中译稿带去展览，并在大会上作了一个发言，引起了近 300 位与会学者的很大兴趣。发言的最后提出了我们翻译地名的困难，请求行家的帮助。会后，研究会的副会长、福建师大的校长陈征同志热情地告诉我们，他们学校有一位专门研究近代史上中国茶叶贸易的教师程镇芳同志，写过不少中俄茶叶贸易的论文，建议我们把初译稿和原文寄去，请他们研究一下看。是年夏末我们把材料寄去，9月份就收到了陈、程二位的回信。信中告诉我们，在鸦片战争前，福建茶叶由广州出口。引文中说从上海出口，当是鸦片战争后上海成为五口通商之一以后的事。这时茶叶的运输路线大体上应是：从福建崇安县（武夷山）出发，由星村肩挑到河口（今铅山），沿少江逆流而上到玉山，然后肩挑到浙江的常山（该地当时有茶叶征税关口），然后沿衢江顺流经杭州入钱塘江，再由运河到吴江（当时是茶叶集散地），然后转入吴淞江到上海。因此，信中说我们音译为"珠江"的河应为"衢江"，音译为"津章"的地名应为"常山"，这些都是福建地方方言的发音，按普通话发音译出来是对不上号的。关于"汉口市"应为杭州市，信中也认为可能是笔误，同意我们加一译者注。"春申江"原编者已加注说明可能是吴淞江。这样，再拿地图来对照，这条茶叶运输路线就清楚了。可见，当初是把中国当地方言发音的地名译成了英文，马克思引用了英文资料，然后又从英文译成了俄文，现在再由俄文译成中国普通话发音，已经与原地名相差甚远了，怎么会对得上号呢。如果没有专家的研究和帮助，我们几乎是不可能译正确的，而中国人不能把中国地名译正确，岂不令人耻笑！

附录二 《资本论》德文第一版中译本的科学价值

张钟朴

今年是我局建局50周年。半个世纪以来，我局在翻译和传播马克思列宁主义经典著作方面作出了举世瞩目的贡献，而在《资本论》的翻译和传播方面，我们同样作出了巨大的贡献。如果说，在我局成立之前，我国只有《资本论》的一种中译本，即郭大力、王亚南的译本，那么，从20世纪60年代至今，我们局为我国理论界提供了《资本论》的三种中译本，这就是：（一）经过重新校订的《资本论》德文第四版中译本三卷，这也是全世界通行的版本，亦即原来的郭王译本的重新校订本；（二）1983年在纪念马克思逝世100周年的时候，我们又翻译出版了马克思亲自校订的《资本论》第1卷法文版中译本。马克思自己说过，这个法文版“在原本之外有独立的科学价值”，它对理解通行版来说具有极重要的参考价值；（三）1987年，为纪念马克思《资本论》第1卷出版120周年，我们又翻译出版了《资本

本文为2003年纪念中央编译局成立50周年所作。

论》第1卷德文第1版的中译本，这个版本反映的是《资本论》最初版本的原貌，同样具有很高的科学价值。不但如此，这些年来，我们还翻译出版了《资本论》的三大手稿，即《1857—1858年经济学手稿》（它曾以《政治经济学批判大纲》之名闻名于世）；《1861—1863年经济学手稿》（《剩余价值理论》就是其重要组成部分）；《1863—1865年经济学手稿》的大部分。二战后，这些重要经济学手稿的发表和传播，使得全世界范围内对《资本论》的研究提高到了一个新阶段。而由于这些手稿及时地介绍到我国来，也使我国学术界对《资本论》的研究得以和其他国家保持同步，并取得了一系列重要成果。

对于《资本论》的通行版本和马克思亲自校订的法文版的科学价值，大家都是比较熟悉的，这里不必多说。我在这里只想就我参加译校德文第1版的亲身体会，谈谈《资本论》的这个最初版本的科学价值。大家知道，《资本论》是马克思竭尽毕生精力写成的一部不朽著作，但在马克思生前未能全部完成和出齐。马克思只在1867年出版了第1卷的德文第1版，然后在1872—1873年期间又以分册形式出版了第2版，最后，在1872—1875年经过详细修改和补充出版了该书的法文版。马克思逝世后，恩格斯根据马克思留下的大量手稿和资料，整理出版了《资本论》第2卷和第3卷，并且按照马克思的遗愿经过修改出版了《资本论》第1卷的第3版（1883年）和第4版（1890年）。恩格斯最后编定的第4版成为全世界通行的版本。

在1967年《资本论》第1卷德文第1版问世100周年的时候，有的国家重新出版了这个版本，并把它译成本国文字，使读者见到了这个初版的原貌，受到了学术界的欢迎。我国当时正处于"文化大革命"时期，无暇顾及此事，但是我们始终没有忘记一旦有机会就应把它译成中文介绍到国内来。最后，终于在1987年这个版本出版120周年的时候，我们得以把它译成中文提供给了我国的学术界。这个最初版本和后来的一些版本相比差别不小，不但篇章结构不同（第1版只有六章，而通行的德文第4版是七篇二十五章，法文版是八篇三十三章），而且内容的理论论述有许多不同。我们在翻译这个版本时，先将德文与通行版的德文加以核对，凡文字相同处，则中译文也保持相同，只有外文文字不相同处，才把不同处翻译出来。这样，读者只要把两个版本的中译文对照来读，就能发现马克思的修改情况。不但如此，我们还把这个最初版的正文和以后各版的正文逐一核对，用加译者注的办法标明以后各版较重要的修改，全书总共加了这类注释约550多条。这为读者了解各版内容的修改和完善情况提供了方便。

《资本论》第1卷这个初版的中译本的价值何在呢？我认为，它表现在两个方面。一方面，书中有的理论论述在以后的版本中或是没有保留下来，或是作了修改。但原有的论述对说明某一问题，对于加深理解马克思的经济理论和方法，仍然很有价值。另一方面，把这个初版和以后的版本加以对照，可以清楚地看出革命导师在以后的版本中所做的多方面的修改，从而可以更好地了解马克思经济理论的不断发展和完善的过程。

现在我们先谈一下第一个方面。在这方面，最值得注意的，首先是德文第一版中包含有关于价值形式问题的两种论述，这两种论述都和我们在通行的版本中读到的内容不完全一样，因而有独立的科学价值。马克思的经济理论区别于资产阶级古典经济学的重要标志之一，就是它在历史上首次揭示了价值形式的秘密，从而实现了商品和货币理论发展中的质的飞跃。但是价值形式的分析不容易理解，它使用的是经马克思改造过的黑格尔的辩证法。马克思自己在德文第1版的《序言》中曾说："对价值实体和价值量的分析，我已经尽可能地做到通俗易懂。对价值形式的分析则不一样。它是很难理解的，因为辩证法比在最初的叙述[①]中强烈得多。"[②]马克思的朋友库格曼和恩格斯在读了马克思关于价值形式的最初论述之后，都觉得应当把这部分写得更通俗易懂些。恩格斯曾建议马克思多分一些小节和多加一些小标题，写得像教科书那样，同时还提出"甚至可以把这里用辩证法获得的东西，从历史上稍微详细地加以证实，就是说，用历史来对这些东西进行检验"。[③]马克思部分地听从了朋友们的建议，除正文中关于价值形式的

① 指1859年《政治经济学批判》第1分册的叙述。

② 《资本论》第1卷，北京：人民出版社1975年版，第1页。

③ 《马克思恩格斯〈资本论〉书信集》，北京：人民出版社1976年版，第213页。

论述外，又为“不懂辩证法的”读者，写了一个较通俗的论述，作为《附录》收在《资本论》德文第1版的卷末。这样，德文第1版中就包括了马克思亲自写的关于价值形式问题的两种论述。

特别应指出的是，马克思为“懂得辩证法的”读者写的第一种论述，可以说是马克思运用辩证法分析问题的杰作。它的特点是严格地从分析商品内在矛盾来论述价值形式的发展，没有加进历史的例证，完全用抽象力来把握每一种形式，关键的地方使用了黑格尔辩证法的术语。值得注意的是，这种分析根本没有提到货币价值形式，而是代之以“第四种形式”为标题的内容。另外，通常我们所理解的“一般的相对价值形式”，在第一版中被称为“第三种，即相反的或倒转过来的第二种相对价值形式”①。这些都是严格的辩证分析所要求的。

在这种抽象的分析中，“简单的相对价值形式”实际上是从无数多种多样的商品交换关系中抽出来的一种最简单的关系，即一种商品对另一种商品的关系。“扩大的相对价值形式”则是由许多简单的相对价值形式组成的，是某一种商品对整整一系列商品的关系。而把这种扩大的相对价值形式倒转过来，就成了一切商品对一种商品的关系，后者即一般等价物。那么，一种商品（例如麻布）是怎样变成一般等价物的呢（第三种形式），马克思写道：“它先是把它的

① 《资本论》第1卷，北京：人民出版社1975年版，第33页。

价值表现在一种个别商品上（第一种形式），然后是依次相对地表现在其他一切商品上（第二种形式），这样，倒转过来，其他一切商品就把自己的价值相对地表现在麻布上（第三种形式）。”①

当然，从理论上说，一种商品（麻布）可以是这种情况，但其他所有的商品也都可以是这种情况，它们都可以变成一般等价物。这样就开始过渡到“第四种形式”。在第四种形式的分析中遇到了“二律背反”。因为每一种商品都可以成为一般等价物，又都可以具有一般相对价值表现。但一般等价物和一般相对价值形式是互相排斥的，一种商品不可能同时既是前者又是后者。对价值形式进行的严格的辩证分析只能得到这样的结果，这就是“第四种形式”的内容。它为货币的产生建立了理论前提，但没有直接得出货币。那么货币是怎样出现的呢？货币是在交换过程中由于要解决这个矛盾才出现的。马克思说：“只有社会的行动才能使一个特定的商品成为一般等价物。因此，其他一切商品的社会的行动使一个特定的商品分离出来，通过这个商品来全面表现它们的价值。”②

前面已说明，马克思在《附录》中又写了一篇关于价值形式的较通俗的论述，他部分地接受了恩格斯提出的建议。马克思在回答恩格斯的建议时说：“至于说到价值形式

---

① 《资本论》第 1 卷，北京：人民出版社 1975 年版，第 41 页。

② 《马克思恩格斯全集》第 2 版第 44 卷，北京：人民出版社 2001 年版，第 105 页。

的阐述，那么我是既接受了你的建议，又没有接受你的建议，因为我想在这方面也采取辩证的态度。这就是说：第一，我写了一篇附录，把这个问题尽可能简单地和尽可能教科书式地加以叙述，第二，根据你的建议，把每个阐述上的段落都变成章节等等，加上特有的小标题。我要在序言中告诉那些'不懂辩证法的'读者，要他们跳过X—Y页而去读附录。"[①] 这个《附录》确实写得像教科书那样较为通俗，没有使用黑格尔辩证法的术语。而最大的特点是把正文中的"第四种形式"改成了"货币价值形式"，把货币的论述提前了。这样，理论就比较容易懂了。但是，马克思仍然没有用历史的事实来证实辩证法获得的结果。这一点是《附录》不同于以后版本中价值形式的地方。

后来，在德文第2版中，马克思把以上两种论述合并在一起加以改写，写成了关于价值形成的第三种论述，这就是我们今天在《资本论》通行版中所读到的内容。在这里，马克思为了使读者易于理解，进一步听取恩格斯的建议，加进了历史事实作为类比。例如，在谈到简单价值形式时，马克思写道："很明显，这种形式实际上只是在最初交换阶段，也就是在劳动产品通过偶然的、间或的交换而转化为商品的阶段才出现。"[②] 在谈到扩大的价值形式时，马克思又

---

① 《马克思恩格斯〈资本论〉书信集》，北京：人民出版社1976年版，第215页。

② 《马克思恩格斯全集》第2版第44卷，北京：人民出版社2001年版，第82页。

写道："扩大的价值形式，事实上是在某种劳动产品例如牲畜不再是偶然地而已经按照习惯同其他不同的商品交换的时候，才出现的。"① 如此等等。这些历史例证的插入固然方便读者对理论的理解，但是又往往使人产生一种误解，仿佛价值形式所分析的是资本主义以前的商品生产，而不是资本主义商品的内在矛盾的表现。相反，如果认真研读德文第1版中的论述，就不会产生这样的误解。

再有一个问题，就是一个雇主究竟雇几个工人才会变成资本家。我国经济学界常有人持一种看法，认为一个雇主雇8个工人以上就会变成资本家，他的企业就会变成资本主义企业。他们说什么这是马克思的原理。这种看法来源于通行的《资本论》第1卷第9章的某些论述。在那里，马克思在考察剩余价值率和剩余价值量时，按照量变到质变的规律得出结论说，不是任何一个货币额或价值额都可以转化为资本，它们必须达到一定的数额，才能转化为资本。为了说明这个道理，马克思用具体数字举了一个例子。他假定在工作日为12小时，必要劳动时间为8小时，剩余劳动时间为4小时的情况下，一个雇主必须使用2个工人，才能靠每天占有的剩余价值来过工人那样的生活（因为按照假定，2个工人提供的剩余价值是8小时，相当于一个工人的必要劳动时间）。在这种情况下，雇主的生产就只能维持生活，而不能增加财富。"而在资本主义生产下，增加财富

① 《马克思恩格斯全集》第2版第44卷，北京：人民出版社2001年版，第82页。

是前提。为了使他的生活只比一个普通工人好一倍，并且把所生产的剩余价值的一半再转化为资本，他就必须把预付资本的最低限额和工人人数都增加为原来的8倍。”[①] 也就是说，在这种情况下，要成为资本家，预付资本的最低限额应增加到相当于只雇一个工人时的8倍，工人人数也要增加为8人。理论界中的说法就是从上面这些论述中来的。

但是，马克思在这里提出8个工人作为界限，是以两个假定条件为前提的。第一，假定工作日为12小时，必要劳动时间为8小时，剩余劳动时间为4小时；第二，假定剩余价值的一半用于消费，一半用于积累，而且是假定雇主比工人过好一倍的生活。只要这些条件中的一项发生变化，所需雇用工人的人数就得改变。可见，所假定的条件不同，所需的资本额也就不同，应雇工人的人数也会随之改变。因此，我们不应只拘泥于具体数字，而应从中得出基本原理来。

有趣的是，在《资本论》德文第1版中却有一段关于这个问题的基本原理的明确论述，而这段话在《资本论》以后的版本中没有保留下来。在那里，马克思写道：“资本主义生产实际上是在同一个资本同时雇用较多的工人，因而劳动过程扩大了自己的规模并提供了较大量的产品的时候才开始的。只有在工人人数多到足以使他们生产的剩余价值量可以使雇主免除劳动的时候，雇主才会成为名副其实的

① 《马克思恩格斯全集》第2版第44卷，北京：人民出版社2001年版，第357页。

资本家。”[①] 马克思的这段话，对于究竟雇几个工人才会成为资本家的问题，给予了明确的回答。

还有，在学习《资本论》的理论时，人们往往对一些问题产生不同的理解，或者由于各种版本不同，对某一问题的论述也会不同。在发生分歧时，查找一下马克思在最初的第1版中的说法，显然有助于问题的解决。限于篇幅，这方面的例子我们就不一一列举了。

《资本论》德文第1版中译本的价值，如上所述，还有另一方面，就是可以从它来考察以后各版中的理论修改和完善情况。下面我把这方面的情况大略地提示一下。

马克思生前在1871年下半年至1872年期间，亲自修订出版了《资本论》第1卷德文第2版。这时距离第1版问世已经过去4年多的时间。随着巴黎公社革命的爆发，国际和德国的工人运动活跃起来，迫切需要革命理论的武装，《资本论》在工人运动中得到迅速传播。马克思自己在第二版跋中说：“《资本论》在德国工人阶级广大范围内迅速得到理解，是对我的劳动的最好的报酬。”[②] 因此，马克思在修改第2版时，一方面力求把理论修改得更严密更精确，另一方面则力求使工人阶级容易理解。

第2版中的修改包括两方面。一方面把篇章结构划分得更细更分明了，另一方面许多论述改得更科学更通俗化了。

① 《资本论》第1卷，北京：人民出版社1975年版，第302页。

② 《马克思恩格斯全集》第2版第44卷，北京：人民出版社2001年版，第15页。

第一版原来只划分为六章，卷末有一个“附录”。在第二版中，马克思把全书划分为七篇二十五章，这就是我们目前在通行的版本中所看到的结构。马克思把原来的六章都改为“篇”，另外把有关工资的论述专门突出出来，单独设立了一篇，这样全书就成为七篇。篇下分若干章，在各章之下，还尽量细分了若干节。马克思自己说，经过这样修改之后，“很明显的是，篇目更加分明了”①。

关于第二版中正文的修改，马克思在第2版跋中写道：“第一章第一节更加科学而严密地从表现每个交换价值的等式的分析中引出了价值，而且明确地突出了在第一版中只是略略提到的价值实体和由社会必要劳动时间决定的价值量之间的联系。第一章第三节（价值形式）全部改写了，第一版的双重叙述就要求这样做。……第一章最后一节《商品的拜物教性质及其秘密》大部分修改了。第三章第一节（价值尺度）作了仔细的修改，因为在第一版中，考虑到《政治经济学批判》（1859年柏林版）已有的说明，这一节是写得不够细致的。第七章，特别是这一章的第二节，作了很大的修改。”②

现在，由于有了德文第1版的中译本，我们终可以清楚地看出这些重要修改的意义了。有关商品和货币问题的第

① 《马克思恩格斯全集》第2版第44卷，北京：人民出版社2001年版，第14页。

② 《马克思恩格斯全集》第2版第44卷，北京：人民出版社2001年版，第14页。

一篇，除《价值形式》外，在第2版中大大小小的修改共有170多处，此外，马克思还追加或补充了22个脚注。关于价值、交换价值、价值实体和劳动二重性等的论述，都有很大改进。例如，在第1版中“价值”和“交换价值”是不分的，马克思自己有一个脚注说：“如果我们以后对‘价值’这个词不作进一步的规定，那就总是指交换价值。”① 而从第2版起严格区分了“价值”和“交换价值”，前者是内容，后者是表现形式。关于劳动的二重性，在第1版中往往只说“一般人类劳动”和“有用劳动”，从第2版起才科学地规定为“抽象的人类劳动”和“具体的人类劳动”。关于作为商品价值实体的劳动，在第1版中只是说：“这个在不同的使用价值中只是得到不同表现的共同社会实体就是劳动。作为价值，商品无非是结晶的劳动。”② 从第2版起这段话改为：“随着劳动产品的有用性质的消失，体现在劳动产品中的各种劳动的有用性质也消失了，因而这些劳动的各种具体形式也消失了。各种劳动不再有什么差别，全都化为相同的人类劳动，抽象人类劳动。……作为它们共有的这个社会实体的结晶，就是价值。”③ 关于形成价值实体的劳动是社会必要劳动，在第1版中只是说“但是，只有社会必要

① 《资本论》（根据第一卷德文第一版翻译），北京：经济科学出版社1987年版，第12页注（9）。

② 《资本论》（根据第一卷德文第一版翻译），北京：经济科学出版社1987年版，第12页。

③ 《马克思恩格斯全集》第2版第44卷，北京：人民出版社2001年版，第51页。

劳动时间才算是形成价值的时间。”[1] 从第 2 版起这句话改为：“但是，形成价值实体的劳动是相同的人类劳动，是同一的人类劳动力的耗费。体现在商品世界全部价值中的社会的全部劳动力，在这里是当作一个同一的人类劳动力，虽然它是由无数单个劳动力构成的。每一个这种单个劳动力，同别一个劳动力一样，都是同一的人类劳动力，只要它具有社会平均劳动力的性质，起着这种社会平均劳动力的作用，从而在商品的生产上只使用平均必要劳动时间或社会必要劳动时间。”[2]

关于商品拜物教的内容，从第 2 版起作了相当大的修改和补充，把第 1 版原有的 13 段增加为 21 段。从第 2 版起增加了商品拜物教性质及其原因的许多正面论述。为了和资本主义作对比，马克思在第 1 版中只举了“鲁滨逊的故事”和“自由人联合体”，而从第 2 版起增加了欧洲昏暗的中世纪和农民自给自足的家庭分工这样一些经济关系，这就使商品拜物教的论述更充分了。关于价值尺度的论述，也作了详细的修改。首先，关于金的第一个职能作了补充，指出它是为商品世界提供表现价值的材料，把商品价值表现为同名的量。其次，关于价值尺度和价格标准这两种职能作了更充分的论证，指出这是两种截然不同的职能，金价

---

① 《资本论》（根据第一卷德文第一版翻译），北京：经济科学出版社 1987 年版，第 13 页。

② 《马克思恩格斯全集》第 2 版第 44 卷，北京：人民出版社 2001 年版，第 52 页。

值的变动丝毫不会妨碍金执行价格标准的职能。马克思还加注说明，他所以要把这些问题详加说明，是因为“在英国的著作中，价值尺度和价格标准这两个概念极为混乱”①。

马克思所说的第七章中的修改，是指《剩余价值率》这一章。这一章的修改表明，马克思特别注意使理解资本主义剥削实质和涉及工人阶级实际斗争的论述更加完善。在用实际例子说明剩余价值率的计算方法时，马克思从第2版起改用了曼彻斯特一个工厂的实际材料，并加注说明，第1版原来的例子有些事实上的错误。这一章的第二节是《产品价值在产品相应部分上的表现》，②其内容的大部分都重新改写了。这样做具有重大意义，因为资本家及其庸俗经济学家如西尼耳之流，恰恰利用一些表面现象，说什么资本家的剩余价值只体现在每日生产出来的产品的最后一部分中，来反对工人争取缩短工作日的斗争。在这一章中，马克思还听从《资本论》俄文版译者洛帕廷的建议，加注指出：“剩余价值率虽然是劳动力剥削程度的准确表现，但并不是剥削的绝对量的表现。”③这对人们理解剥削率和剥削量的关系是很重要的。

马克思在第2版跋中没有指明的一些修改，有的也是很

① 《马克思恩格斯全集》第2版第44卷，北京：人民出版社2001年版，第118页注（55）。

② 《马克思恩格斯全集》第2版第44卷，北京：人民出版社2001年版，第255—258页。

③ 《马克思恩格斯全集》第2版第44卷，北京：人民出版社2001年版，第252页注（30a）

重要的。在第2版中论述劳动过程时，马克思明确地区分了“劳动”和“劳动过程”这两个概念。马克思原在第1版中下定义说：“劳动过程首先是人和自然之间的过程，是人以自身的活动来引起、调整和控制人和自然之间的物质变换的过程。”[①] 而从第2版起把这个定义中的“劳动过程”，改成了“劳动”，把这段话变成了“劳动”的定义，其他几处也都改了。显然，马克思认识到，“劳动”和“劳动过程”是两个概念，有区别，又有联系。劳动只是劳动过程的一个要素，除劳动外，劳动过程的要素还应包括劳动对象和劳动资料。这样修改后就强调了劳动是劳动过程中的积极因素。

在论述资本积累和原始积累的部分。马克思在第2版中补充了许多新的事实材料，用来说明资本积累过程对工人阶级状况的不良影响。在农业方面，马克思补充了官方统计资料，表明在资本积累的影响下爱尔兰的耕地不断减少的情况。在论述原始积累时，第2版补充了农民被剥夺土地和惩治被剥夺者的血腥立法的材料，补充了苏格兰高地变成牧羊场和狩猎场的材料。

总的看来，从论述工资问题的第六篇以后，马克思第2版中的修改明显减少，这可能是因为出版商催促马克思早日把第2版付印，容不得马克思再作较详细的修改。而马克思在紧接德文第2版之后亲自校订的法文版中，这一部分的

① 《资本论》（根据第一卷德文第一版翻译），北京：经济科学出版社1987年版，第148页。

修改和补充却是相当多的。这些修改主要反映在法文版和德文第3版中。

我们还可以进一步考察出第3版的修改情况。德文第3版是在马克思去世的当年1883年底出版的，距第2版已经过去10年的时间。在这期间，马克思亲自仔细修订了法文版，并对当时拟在美国出版的英文版和丹尼尔逊等人翻译出版的俄文版，亲自写了“编者说明”，指出哪些内容需要修改。在这期间，马克思还写了《资本论》第2卷和第3卷的手稿。凡此种种，都为第3版的修订作了准备。按照恩格斯在第3版序言中的说法，马克思原想把第1卷原文大部分改写一下，把新的论点和材料补充进去。但因病和急于完成第2卷的工作，这一打算未能实现。结果，马克思只作了一些最必要的修改，把法文版中的一些增补收了进去。①恩格斯在马克思的遗物中发现了一个德文本和一个法文本，上面标明了哪些地方应采用法文版。恩格斯严格按照马克思的遗愿完成了第3版的编辑修订工作，自己只加了少量必要的注释，并注上了自己名字的缩写。

第3版的第1章中，关于从商品交换价值引出价值的论述修改得更严密了：“某种一定量的商品，例如一夸特小麦，同x量鞋油或y量绸缎或z量金等等交换，总之，按各种极不相同的比例同别的商品交换。因此，小麦有许多种交换价值……由此可见，第一，同一种商品的各种有效的交

---

① 参看《马克思恩格斯全集》第2版第44卷，北京：人民出版社2001年版，第28页。

换价值表示一个等同的东西。第二，交换价值只能是可以与它相区别的某种内容的表现方式，‘表现形式’。”①

在第3章谈到货币或商品流通时，马克思把一定时期内流通所需的货币额的公式补充得更完备了。原来的论述是：“假定流通手段和支付手段的流通速度是已知的，这个总额就等于待实现的商品价格总额加上到期的支付总额，减去彼此抵销的支付。”② 从第3版起，这段话的最后补加了一句：“最后减去同一货币交替地时而作为流通手段、时而作为支付手段执行职能的流通次数。”③ 并且举了农民卖谷物的实例，把这句话的意思作了说明。

从第13章起，马克思对正文的修改逐渐增多。在谈到机器改良排挤工人的时候，马克思补充了美国南北战争引起的棉纺织机器改良对工人的排挤作用的材料，还增加了汽锤发明人奈斯密斯关于自动化机器排挤工人的证词。在批判资产阶级经济学家关于被排挤的工人会得到补偿的理论时，马克思对原来的论述进行了增补，并用强盗杀人犯的诡辩，说什么杀人是刀的罪过而不是杀人者的罪过，来反驳资产阶级的谬论。

在第14章的论述中，马克思增补的内容指明，随着大

---

① 《马克思恩格斯全集》第2版第44卷，北京：人民出版社2001年版，第49页。

② 《资本论》(根据第一卷德文第一版翻译)，北京：经济科学出版社1987年版，第108页。

③ 《马克思恩格斯全集》第2版第44卷，北京：人民出版社2001年版，第163页。

生产和劳动协作性质的发展，生产劳动的概念扩大了。在机器大生产中，“为了从事生产劳动，现在不一定要亲自动手；只要成为总体工人的一个器官，完成他所属的某一种职能就够了……”①这段增补对于说明大生产中的生产劳动是至关重要的。在这一章的末尾，马克思把他在法文版中补写的批判庸俗经济学家约·斯·穆勒的长篇论述，移到德文第3版中来。穆勒的理论在当时颇为流行，对他进行批判是颇有针对性的。

第20章论述工资的国民差异。在原来的第1和第2版中，这部分比较简单，只有三大段。在第3版中，马克思把这一章扩展为十段。使这一章大大充实了，并且补充了英国工厂视察员的有关材料，作为工资国民差异的实例说明。

第7篇《资本的积累过程》从第3版起所作的修改和补充最多，其中绝大部分是从法文版中移过来的。本篇一开始增加了关于资本流通过程三个阶段的论述，即（1）货币转化为生产资料和劳动力，（2）生产过程，（3）生产出来的商品再转化为货币。这样，马克思就把资本积累过程同资本流通过程联系起来。这显然是由于马克思在此期间制定了第2卷理论的结果。这个思想一直贯穿在全篇的论述中。在谈到再生产条件下一部分剩余价值重新转化为资本时，马克思补充指出了，再生产的实物条件（生产资料和生活资料）必须具备，再生产才能进行，从而剩余价值才能

① 《马克思恩格斯全集》第2版第44卷，北京：人民出版社2001年版，第582页。

转化为资本的内容。在第3版中，马克思还增加了批判“斯密教条”的内容，并且着重指出了重农学派的“经济表”的功劳。这些增补预示着马克思将在第2卷中详细分析再生产的机制。值得注意的是，在谈到劳动力的便宜化会有利于资本积累时，马克思在两个地方增补了中国工人的劳动力特别便宜和劳动生产率低的例子。①

在第23章论述资本主义积累的一般规律时，马克思增补了关于资本有机构成的全面的科学表述，并且明确说明了技术构成和价值构成之间的相互关系。另外，从第3版起，马克思采用法文版中的修改，把资本“积聚”和“集中”用两个术语明确地区分开来，而在第2版以前，这两方面的内容都是用“积聚”术语来表示的。关于相对过剩人口或产业后备军的累进生产，关于相对过剩人口各种存在形式的内容，第3版中也都作了许多修改和补充。其中关于现代工业周期阶段的表述，关于周期阶段的更替使相对过剩人口的变动具有显著的周期反复的形式等的论述，都是很重要的。在这一部分中，还增添了许多说明资本积累过程对工人和农民发生不良影响的实际材料和统计数字。其中补充的关于爱尔兰农村状况，农业短工的悲惨遭遇以及“清扫”领地的后果等材料，具有极大的说服力。

第3版中关于原始积累的论述，也作了不少重要的修改和补充。在论及资产阶级化的新土地贵族剥夺农民的土地

① 参看《马克思恩格斯全集》第2版第44卷，北京：人民出版社2001年版，第693、699页。

时，增加了新银行巨头这些金融贵族和靠保护关税大发横财的大手工工场主这些人物的作用。[①] 这些论述是对说明城乡资产阶级如何发展起来的重要补充。在论述英国镇压被剥夺者的血腥立法时，增添了英国直到《资本论》第3版出版以前为止（十九世纪八十年代）的时期内，议会如何卑鄙无耻地反复迫害工人，在工人运动的压力下一面退却，一面以各种形式颁布侵害工人的法令的材料，揭露它是“反对工人的常设的资本家‘工联’”。[②]

在论述农业革命对工业产生反作用和国内市场的形成时，第3版增添了论述国内市场形成的条件和意义的内容，“只有消灭农村家庭手工业，才能使一个国家的国内市场获得资本主义生产方式所需要的范围和稳固性”。[③] 在论述工业资产阶级产生的部分，第3版补充了新内容，指出国债成了原始积累的最强有力的手段之一，叙述了英格兰银行的发家史。另外还指出，现代税收制度又成为国债制度的必要补充，这种制度使小生产者加速破产，使资本集中到银行和资本家手中，加速培育出工业资本家来。显然，这些增补都是客观现实的反映。

恩格斯在第3版中加的一些脚注也是很重要的，有的

---

① 参看《马克思恩格斯全集》第2版第44卷，北京：人民出版社2001年版，第832页。

② 《马克思恩格斯全集》第2版第44卷，北京：人民出版社2001年版，第850页。

③ 《马克思恩格斯全集》第2版第44卷，北京：人民出版社2001年版，第857页。

是对正文的补充和订正。例如，限于当时的科学认识水平，马克思曾提到人类社会的发展过程是先有家庭，然后才有氏族组织。但是，人类学研究的新成果表明顺序恰好相反。恩格斯在第3版中对此作了加注说明[①]。

恩格斯在《第四版序言》中把他编定第4版的工作作了说明。归纳起来包括三方面。第一，“根据再一次对照法文版和根据马克思亲手写的笔记，我又把法文版的一些地方补充到德文原文中去”。[②]恩格斯自己指出了这些修改的地方共五处。第二，“我还补加了一些说明性的注释，特别是在那些由于历史情况的改变看来需要加注的地方”。[③]第三，书中的引文根据英文版作了全面的核对。对恩格斯的这些修改，我们这里无须再一一列举，不过有一处增加的关于“托拉斯”的脚注，值得特别提示一下。恩格斯指出，信用事业起初只是资本积累的小助手，但很快就发展成资本集中的可怕武器，从而发展成垄断组织“托拉斯”，它们“力图至少把一个生产部门的全部大企业联合成一个握有实际垄断权的大股份公司”[④]。这是恩格斯对经济中的新现象的

---

① 《马克思恩格斯全集》第2版第44卷，北京：人民出版社2001年版，第407页注（50a）。

② 《马克思恩格斯全集》第2版第44卷，北京：人民出版社2001年版，第36页。

③ 《马克思恩格斯全集》第2版第44卷，北京：人民出版社2001年版，第36页。

④ 《马克思恩格斯全集》第2版第44卷，北京：人民出版社2001年版，第723页。

总结。

总之，我们可以把《资本论》第1版以后各版的历次修订和增补归纳为三种情况：第一，革命导师随着自己研究的深入，不断地把自己的理论论述改得更科学更精确；第二，随着客观情况的发展和变化，革命导师不断地修订自己的理论，对新的情况进行新的概括。这体现了马克思主义与时俱进的特点；第三，为了使工人阶级和革命人民易于掌握革命理论，他们尽量把理论论述改得通俗易懂。革命导师为我们树立了理论工作的光辉榜样。

附录三　从创作史看《资本论》的现实意义

——访中央编译局张钟朴研究员

徐洋

2017年是《资本论》第一卷德文第一版出版150周年。在《资本论》中，马克思系统论述了资本主义社会经济运动的规律，透彻剖析了资本主义社会的内部矛盾，在坚实的理论基础上把社会主义学说从空想变为科学。《资本论》是马克思创建的无产阶级政治经济学的集大成之作，既是无产阶级进行革命斗争的锐利武器，也是社会主义国家党和人民进行建设和改革的基本指针。党的十八大以来，以习近平同志为核心的党中央，在坚持马克思主义政治经济学是中国特色社会主义发展的必修课基础上，深入研究世界经济和我国经济面临的新情况新问题新规律，并不断进行理论提升，开拓了马克思主义政治经济学新境界。中国特色社会主义政治经济学的创新和发展，必须以马克思的《资本论》为理论指南。为此，本刊专访了中央编译局张钟朴研究员。

本文原载《马克思主义理论学科研究》2017年第1期。

徐洋：张钟朴先生，您好！非常感谢您能够接受此次访谈！您能否先谈一谈研究《资本论》创作史同研究《资本论》的关系？

张钟朴：研究《资本论》创作史是研究《资本论》的题中应有之义，甚至可以说是研究《资本论》的基础。一般来讲，了解一个学科的学术史，是对这门学科发生兴趣，以至进行深入研究的门径。马克思本人就非常重视对经济学说史的考察。他计划撰写的经济学著作，原来就叫作《政治经济学批判》；"政治经济学批判"后被保留为《资本论》的副标题。某种程度上可以说《资本论》本身就是通过考察资产阶级经济学说史、批判资产阶级经济学说而写成的。

不过，对于《资本论》来说，研究创作史还有其特殊的意义。首先，《资本论》的创作过程漫长而复杂。马克思自己就曾说："我的著作的各个部分是交替着写的。实际上，我本人写作《资本论》的顺序同读者将要看到的顺序恰恰是相反的（即从第三部分——历史部分开始写），只不过我最后着手写的第一卷当即做好了付印的准备，而其他两卷仍然处于一切研究工作最初阶段所具有的那种初稿形式。"①为什么是这样？研究《资本论》的学者当然应该搞清楚。其次，马克思生前只出版了《资本论》第一卷，虽然可以说他出版了这一卷的三个半版本，即德文第一版、德文第二版、

① 《马克思恩格斯文集》第10卷，北京：人民出版社2009年版，第421—422页。

法文版，以及编辑了一半的德文第三版。至于《资本论》第二卷和第三卷，还有可看作第四卷的《剩余价值理论》，马克思只是留下了众多手稿。尽管我们可以通过恩格斯、考茨基、苏联马列研究院等人和机构出版的版本学习马克思的经济理论，但是这毕竟不能完全等同于学习马克思本人的论述。而直接学习马克思的手稿，也就是研究《资本论》创作史了。第三，马克思的论述是在具体的语境下作出的，概念、术语往往具有多方面的含义，前后也不一定完全一致。只有通过学习《资本论》创作史，才能够更深入地了解这些名词和论述的确切内涵。最后，研究《资本论》创作史，可以看到马克思为了无产阶级和全人类解放，而在艰难困苦的流亡生活中忘我进行最严谨的科学研究的大无畏的革命精神。可以说,《资本论》是人类科学史上学术性和革命性相结合的光辉典范。

徐洋：您认为《资本论》创作史应当怎样进行分期呢?

张钟朴：对《资本论》进行分期，要把握好两个方面的情况。一是马克思经济学理论的成熟程度，一是马克思创作《资本论》的具体历史。苏联的学者把理论的发展史称为“内史”，把具体的创作过程称为“外史”。我认为这一说法是很有启发意义的。

《资本论》创作史的研究是一个动态过程，同《资本论》及其手稿在国际上的编辑、发表进程密切相关。每一次新发表《资本论》手稿，都会引起《资本论》创作史研究热潮的出现和认识的深化。2012 年，国际上的《马克思恩格斯全集》历史考证版（MEGA2）把《资本论》及其手稿全部发表完毕，我们研究创作史现在有了更为丰富的文献基础。

传统上我们说马克思为《资本论》创作了三大手稿，即 1857—1858 年手稿、1861—1863 年手稿、1863—1865 年手稿。后来人们认为还存在第四部手稿，即 1867 年以后的手稿。[①] 根据 MEGA 版发表的材料，我们可以说《资本论》确实存在这样一个第四部手稿，即 1867—1881 或者 1882 年手稿。MEGA 编者认为，这部手稿是在一个全新的创作时期撰写的。在这四部手稿中，第三部和第四部的主标题是“资本论”，第一部和第二部的标题是“政治经济学批判”。另外，马克思的《资本论》创作严格说来尽管开始于 1857 年，但是此前还有一个漫长的前史。有些学者不同意把《资本论》创作史延伸得过早。但是从逻辑上来说，作这样的延伸是必要的。因为从那个时候起，马克思的研究对象、研究目的、研究方法可以说基本上确定了。

根据以上想法，我认为《资本论》创作史大致可以分为五个时期。

第一个时期，1843—1857 年，可以给个标题叫作“从《克罗伊茨纳赫笔记》到《伦敦笔记》”。

第二个时期，1857—1861 年，马克思创作了《政治经

① 参见马健行、郭继严著《〈资本论〉创作史》，济南：山东人民出版社 1983 年版，第 461 页。

济学批判(1857—1858年手稿)》，并以此为基础发表了《政治经济学批判。第一分册》。

第三个时期，1861—1863年，马克思创作了《政治经济学批判(1861—1863年手稿)》。

第四个时期，1863—1867年，马克思创作了《资本论(1863—1865年手稿)》，并以此为基础发表了《资本论》第一卷。

第五个时期，1867—1883年，马克思创作了《资本论(1867—1882年手稿)》，同时出版了《资本论》第一卷德文第二版、法文版，着手出版第一卷德文第三版，并且广泛研究了政治经济学的诸多问题和世界经济的最新发展。

徐洋：您谈《资本论》创作史的起点，不像有些学者那样，从《莱茵报》时期开始，也不像有些学者那样，从《巴黎笔记》开始，而是从《克罗伊茨纳赫笔记》开始。您的理由是什么？您能否简要谈一谈马克思“从《克罗伊茨纳赫笔记》到《伦敦笔记》”这一研究阶段的理论成就？

张钟朴：一般讲《资本论》创作史都是从《巴黎笔记》讲起的。马克思自己说，他研究政治经济学，是因为在《莱茵报》的时候遇到了对物质利益发表意见的难事，但这只是促使他后来研究经济学的原因，当时并没有展开研究。《莱茵报》被查封后，马克思就从报纸退回书斋研究问题去了。

从《克罗伊茨纳赫笔记》到《伦敦笔记》，前后长达十余年。马克思从初涉经济学研究，到取得重大理论突破，发起政治经济学的革命。可以从两个方面来看马克思的理论成果，一是方法论，即制定唯物史观，二是思想内容，即开始创立科学的劳动价值论和剩余价值理论。

首先来看唯物史观的制定。研究马克思的唯物史观是怎么制定的，《克罗伊茨纳赫笔记》很重要。马克思当时是黑格尔俱乐部的成员，对黑格尔的理论很熟悉。黑格尔认为所有客观事物都是绝对理念的外化，绝对理念是现实的基础。但是费尔巴哈的唯物论把黑格尔学说颠覆了，费尔巴哈认为存在是主体，思维是第二位的。马克思受费尔巴哈的影响，对黑格尔主观唯心论进行了清算。1842 年初，马克思研究黑格尔法哲学，写了很有名的《黑格尔法哲学批判》。《黑格尔法哲学批判》没写完，马克思在 1843 年中花了两个月写了 5 本《克罗伊茨纳赫笔记》，之后接着写了《黑格尔法哲学批判》后半部分。《克罗伊茨纳赫笔记》主要研究了以下这些问题：公有制如何转变为私有制，封建所有制怎么转变为资本主义所有制，封建所有制对政治制度的影响，资本主义所有制对政治制度的影响，等等。通过这段研究，马克思认识到，政治斗争、阶级斗争归根到底跟经济利益有关；所有政治制度、政治制度变革都跟所有制有关；不是国家决定市民社会，而是市民社会决定国家，政治制度是受市民社会决定的。什么叫市民社会？实际上就是我们现在讲的经济关系的总和。这个结论跟黑格尔完全不一样。这样，《克罗伊茨纳赫笔记》为马克思制定他的唯物史观打下了一个基础。后来马克思写《黑格尔法哲学批判》后半部分，就反映了他在《克罗伊茨纳赫笔记》当中的成果。

《克罗伊茨纳赫笔记》之后，马克思写了《巴黎笔记》（1844—1845 年）、《布鲁塞尔笔记》（1845—1847 年）、《曼彻斯特笔记》（1845 年 7—8 月）。马克思第一次研究经济学的成果就是《巴黎笔记》。在《巴黎笔记》中，马克思再次得出结论，世界变革的原因要到经济学中去寻找。《巴黎笔记》的成果就是写成《1844 年经济学哲学手稿》，在这部手稿中，马克思批判地改造了德国古典哲学的异化概念，提出了异化劳动理论，并以此为核心展开对资本主义制度和资产阶级政治经济学的批判。马克思后来又写了《布鲁塞尔笔记》，在布鲁塞尔期间又跟恩格斯到曼彻斯特去旅行，写了《曼彻斯特笔记》。有学者认为，《曼彻斯特笔记》表现的是马克思从异化理论转向劳动价值论的非常重要的中间环节。

这四种笔记在 MEGA 中都发表了，但研究的人还不多。如果阅读它们有困难，我们还有一个间接的研究办法。马克思在这个时期写了《神圣家族》《德意志意识形态》《哲学的贫困》《雇佣劳动与资本》。这 4 本重要著作中反映的思想就是他这个时期的研究成果，从这四部著作当中你可以发现他思想发展的轨迹，这个思想发展的轨迹，主要是看唯物史观是怎么形成的。马克思研究经济学开头就从研究方法论上解决问题，从唯心论变成唯物论，从实际当中提出问题来反驳经济学中的教条，因此他突破了经济学中的很多问题。如果没有唯物史观打下基础，给他的经济学研究以一个方法论的原则，后来的很多成果很难取得。马克思后来在1859年《政治经济学批判。第一分册》序言里对这一时期取得的唯物史观作了经典表述。

马克思得出这些基本方法、原则以后，就把它们应用于经济学研究，最初的成果体现在《哲学的贫困》中。《哲学的贫困》从两个方面证实了马克思1847年以前在经济学研究上的初步成果，一是把唯物史观应用到经济学研究上，确定了方法论的基本原则，二是从不承认劳动价值论转向承认劳动价值论，在商品货币的研究上给经济学研究打下了牢固的基础。因此，正如马克思自己所说，《哲学的贫困》是《资本论》的萌芽。蒲鲁东自称黑格尔的学生，运用黑格尔“绝对精神的外化”那一套唯心主义方法研究现实经济问题。马克思与此相反，认为生产关系是第一性的，经济范畴是生产关系的某一个片断，是现实社会的反映，而现实的经济关系、生产关系是一个有机整体，是历史产物，是客观存在。这后来就发展成马克思在《大纲》里面写的：经济范畴应当“从抽象上升到具体”。从哪儿抽象？怎么抽象？这要从现实关系当中去找。你把简单的范畴放在前头，简单的范畴讲清楚了，然后再讲复杂一点的，再讲更复杂的，这样的话这个体系就是合理的，这个体系必须以现实为基础。马克思这个时候制定的方法论为将来《资本论》的理论体系打下了基础。

在上述基础上，马克思又初步弄清了剩余价值是怎么产生的，这一点体现在不久后写成的《雇佣劳动与资本》当中。在这部著作中，马克思已经承认，工人的生产力能够创造出比工人按等价交换得到的那个劳动更多的劳动，但是马克思这个时候还没有使用劳动能力、劳动力这些名词。

1848 年革命后，马克思侨居伦敦，有了很好的机会来研究经济学，这就是所谓的《伦敦笔记》时期（1850—1853 年）。《伦敦笔记》之初，马克思着重研究货币、信用、流通问题，研究的结果是推翻了李嘉图的货币数量论，改进了李嘉图的级差地租理论，对有关货币的材料进行整理和系统化，对亚当·斯密的理论进行了反思，认为经济危机不是像资产阶级经济学家那样认为是由流通领域造成的，而是生产领域的问题。随后马克思找到了导致古典经济学破产的两大矛盾：第一，资本和劳动之间的交换如何跟劳动价值论相一致，古典经济学回答不清楚这个问题。第二，李嘉图不能回答平均利润和生产价格问题，说不清平均利润和生产价格是什么。马克思当时没有解决古典经济学破产的两个问题，但他发现了这两个问题，这就为他以后解决这些问题打下了基础。接着马克思进一步研究了雇佣劳动和资本的全面关系。《资本论》当中很多史料就是这时候记载下来的。最后，马克思广泛研究了农业、土地肥力递减，资本主义以前的各种生产方式，殖民地、原始积累，科学技术，工人阶级状况，资本主义商业、技术、银行，西欧中世纪的各种经济制度、城市史、教会、风俗史、文化史、经济史、战争关系，文化通史、妇女史，印度问题，如此等等。可以看出，马克思试图总结整个人类社会的发展史。《伦敦笔记》是《资本论》的直接准备，从中可以看出，马克思为写自己的经济学著作收集和研究了多么丰富的资料，打下了既广且深的基础。

徐洋：《伦敦笔记》之后，马克思便写作了1857—1858年经济学手稿，此后又写作了1861—1863年经济学手稿。这两部手稿在《资本论》创作史上占据什么地位？您曾把1857—1858年手稿称为马克思的“创作室”或者“科学实验室”，为什么呢？

张钟朴：说马克思的经济学手稿是“创作室”或者“科学实验室”，是为了形象地反映马克思科学研究的一个特点。这些手稿并不是为了付排而写的。随着写作进程的推进，马克思碰到新的问题，读了新的材料，有了新的想法，手稿中不断插入与主体关系不大的阐述，字迹也越来越潦草，最终手稿本身就成了自己搞清楚问题的创作室和实验室。手稿尽管无法付印了，理论却实现了新的突破。

1857—1858年手稿的理论成就学术界已有专著进行阐述。[①] 我这里只大略谈一下手稿值得注意的几点。这部手

① 参见汪水波：《马克思黄金时代的理论结晶——〈资本论〉最初手稿的研究》，北京：中共中央党校出版社1991年版；赵洪主编：《〈资本论〉第一稿研究》，济南：山东人民出版社1992版；顾海良：《马克思“不惑之年”的思考》，北京：中国人民大学出版社1993年版。

稿反映出三个特点：马克思通过与资产阶级经济学家的论战得出自己的理论，他的理论是以辩证法为工具，他以唯物史观即以实践为标准来反驳那些纯粹的理论推理和空谈。我们研读这个手稿，可以看到马克思的一些著名经济原理是怎样逐步制定出来的。

我们今天看1857—1858年手稿的正文，会发现第一部分的标题是“II.货币章”，第二部分的标题是“[III.资本章]”，第三部分的标题是“I.价值”。马克思为什么从第二章开始写起呢？把什么作为自己经济学著作的逻辑起点，马克思经历了一个探寻过程。手稿开始是从分析货币问题写起的。但货币所以存在，是商品矛盾发展的结果。马克思逐渐认识到第一章应该论述价值，资本主义财富的第一个形式应当是商品。所以他写完《资本章》后就补写了《I.价值》这一章也就是未来的《商品章》的开头，第一句话就是：“表现资产阶级财富的第一个范畴是商品的范畴。”然后回过来把原来的《货币章》加了个“II”。这表明这时马克思形成了三层次的结构：第一章论述商品，第二章论述货币，第三章论述资本。

在手稿中，首先是《货币章》取得了非常大的理论成果，关键是“劳动二重性”理论的制定，这在整个经济思想史上是具有突破性的、革命性的成就。在《资本论》中，在论述商品时，马克思一上来就讲商品二重性、劳动二重性，讲劳动二重性的根源是劳动的私人性和社会性之间的矛盾。但在本手稿中，马克思先反复揭示货币的本质，他的思路是这样的：产品变成商品，商品成为交换价值，交换价值的独立化成为货币。马克思阐明商品二重性及其矛盾之后，接着进一步阐明了与这种二重性相适应的生产商品的劳动二重性及其矛盾，在政治经济学史上第一次提出了劳动二重性学说。劳动二重性理论是区分资产阶级经济学和马克思主义经济学的分水岭。马克思本人极其重视劳动二重性的发现，认为这是理解政治经济学的“枢纽”。在手稿的《资本章》中，马克思在劳动二重性的基础上研究剩余价值是怎么生产的。1859年，马克思在这部手稿的基础上出版了《政治经济学批判。第一分册》，其中包含他的计划中三章的前两章：第一章《商品》，第二章《货币或简单流通》。

1857—1858年手稿是马克思构建他的政治经济学理论体系的第一次尝试，对《资本论》三卷几乎全部基本问题作了最初的系统论述，在《资本论》创作史上具有里程碑意义。

1861—1863年经济学手稿一开始是作为《政治经济学批判。第一分册》后续的《第二分册》即第三章《资本》来写的，但是随着写作过程的推进，研究的问题越来越广，取得的新认识越来越多，手稿再次变成不适合付印、而只是自己用来搞清楚问题的规模更为宏大的草稿。学术界有著作专门论述手稿的创作过程和理论成就，[①] 我在这里也只谈一下这部手稿值得注意的两个方面。

① 参见李善明主编：《〈资本论〉第二稿研究》，济南：山东人民出版社1992年版；周成启主编：《〈资本论〉第四卷研究》，成都：四川省社会科学院出版社1988年版。

首先是马克思为写作这个《资本》章，做了大量准备工作。马克思对他原来的《巴黎笔记》《伦敦笔记》等当中的引文进行了重新整理，写了一份《引文笔记》；在此基础上写了一个《引文笔记索引》。他还写了一个《我自己的笔记本的提要》，对1857—1858年手稿的7个笔记本和其他笔记本的内容以关键词的形式作了概括和索引。此外马克思在1857—1858年手稿第七本的后面没有写满的地方写了164页的摘录；1863年快完稿时，他又在另外8个笔记本上写了《补充笔记》，摘录了大量著作。正式动笔之前马克思写了一份《资本章计划草稿》。这里可以清晰看到马克思的工作方法。

其次是马克思在同资产阶级经济学的论战中实现自己的理论创新。在1861—1863年手稿当中，《剩余价值理论》占有约一半的篇幅，具有非常重要的地位。手稿中的许多重大理论突破都是在这里对资产阶级经济学进行批判的过程中产生的。比如马克思在《剩余价值理论》中系统阐述了价值转化为生产价格的一系列中间环节，从而确立了平均利润和生产价格学说。正如恩格斯所说："《剩余价值理论》……包括政治经济学核心问题即剩余价值理论的详细的批判史，同时以同前人进行论战的形式，阐述了大多数后来在第二册和第三册手稿中专门地、在逻辑的联系上进行研究的问题。"①

① 《马克思恩格斯文集》第6卷，北京：人民出版社2009年版，第4页。

1861—1863年经济学手稿的理论成果，我认为最重要的是广义剩余价值理论的制定，包括平均利润、生产价格理论以及地租、商业资本和货币资本等理论。如果说《1857—1858年经济学手稿》制定了狭义剩余价值理论，创造了劳动二重性等等一系列的科学理论，是《资本论》创作史上的第一个里程碑，那么《1861—1863年经济学手稿》，从平均利润、生产价格开始，揭示社会上剩余价值的各种表现形式，如利润、地租、企业主收入、商业利润、利息等，都是从剩余价值演变来的，从而制定了广义的剩余价值理论，这是《资本论》创作史上的第二个里程碑。

徐洋：正是在1861—1863年手稿的写作过程中，马克思决定不再以"政治经济学批判"，而是以"资本论"为题出版自己的经济学著作。此后他就以《资本论》为标题撰写1863—1865年手稿。这部手稿在《资本论》创作史上的地位怎样？

张钟朴：你刚才关于"资本论"标题的说法并不完全确切。马克思在1862年12月28日致库格曼的信中是这样说的："第二部分终于脱稿，只剩下誊清和付排前的最后润色了。这部分大约有30印张。它是第一分册的续篇，将以《资本论》为标题单独出版，而《政治经济学批判》只作为副标题。其实，它只包括本来应构成第一篇第三章的内容，即《资本一般》。这样，这里没有包括资本的竞争和信用。”[①] 你看，马克思只是说他的著作的接着《第一分册》的第二部分，也就是1857—1858年手稿中设计的六册计划中第一册《资本》的第一篇《资本一般》的第二部分，单独用它自己的名称“资本”出版。只不过日本人翻译的时候，为了符合语言习惯，在“资本”后面加了一个“论”字，成了《资本论》。不能简单说马克思就决定不再写作《政治经济学批判》，而只是写作《资本论》。

至于《1863—1865年手稿》本身，我们说它是马克思在1863—1867年这一写作阶段取得的相对独立的成果，是《资本论》的第三个手稿。这一手稿最重要的理论成就是建立起了《资本论》三卷的结构体系。如果说在从前的两部手稿中，马克思在批判资产阶级经济学家的理论的过程中，创造出自己的一个又一个的理论，那么在《1863—1865年手稿》中，他把这些理论形成了三册的理论体系。这部手稿的第一册是《资本的生产过程》，第二册是《资本的流通过程》，第三册是《总过程的各种形态》，整体架构为后来的《资本论》三卷结构打下了基础。

另一个值得注意的方面是马克思1863—1867年写作《资本论》草稿的具体过程。MEGA学者发表这部手稿时确认的写作经过是这样的：1863年7月底至1864年夏季写第一册，1864年9月至年底写第三册的主要手稿的前三章，1865年上半年写第二册第Ⅰ稿，1865年下半年写第三册后

① 《马克思恩格斯文集》第10卷，北京：人民出版社2009年版，第196页。

面各章，1866—1867 年编制《资本论》第一册付排稿并出版。这也就是马克思 1877 年“写作《资本论》的顺序同读者将要看到的顺序恰恰是相反的”这一说法的基础。我们看到，马克思并非完全颠倒卷册次序写作了《资本论》，只不过就 1861—1867 年期间的状况来说，马克思 1866—1867 年编制《资本论》第一卷（第一册）的付排稿，1865 年写《资本论》第二册，1864 年先写《资本论》第三册的前三章，1862 年写了第四册即《剩余价值理论》。马克思为什么要先写第三册再写第二册呢？其实在 1861—1863 年手稿的时候，马克思也在写作第一册的时候，直接越过第二册去写第三册的。有 MEGA 编者认为，这大概是因为马克思急于接着资本主义积累的历史趋势去证明利润率趋向下降，因而等不及在第二册中阐述资本流通。[①] 这个问题当然可以研究。不过事实证明这种做法不大行得通，所以跳过去的步骤还得回过头来补。1857—1858 年手稿不也是先写了第二章吗？其实，马克思差不多每一部手稿都表现出这样的特点：实际写作的顺序同马克思想要建构的顺序并不完全一致。这大概就是他自己所说的“在形式上，叙述方法必须与研究方法不同”[②] 吧！

---

① 参见［德］C.E. 福尔格拉夫：《〈资本论〉：一部到最后还在形成中的著作》，载《马克思主义与现实》，2015 年第 6 期。

② 《马克思恩格斯文集》第 5 卷，北京：人民出版社 2009 年版，第 21 页。

徐洋：非常感谢您的提醒。马克思是在1863—1865年手稿的基础上，1867年出版了《资本论》第一卷。《资本论》第一卷是《资本论》理论部分三卷中马克思亲自出版的唯一一卷。后来他还出版了第一卷的法文版和德文第二版。这三个版本在创作史上各有怎样的理论价值？

张钟朴：《资本论》第一卷德文第一版的特有科学价值主要表现在两个方面。一方面，第一版中的某些论述在以后的版本中没有保留下来，而这些论述无论从理论内容来说，还是从方法论来说，都具有一定的价值，也是马克思经济学理论的重要组成部分。另一方面，要想深入了解第一版以后的各个版本中理论结构和理论内容方面的不断演变和完善过程，也必须以这个最初版本为基础。

《资本论》第一版的篇章结构不像我们今天在通行版中看到的那样是7篇25章，而是只有6章22节。还在《资本论》面世之前，库格曼和恩格斯在看了校样之后，都觉得马克思写的关于“价值形式”的论述不够通俗，建议再写一个通俗易懂的《附录》附在卷末，这就是第一版中附有一个《附录》的原因。恩格斯在看清样的时候，还对着一卷的篇章设置提出了意见。他说，“你怎么会把书的外部结构弄成现在这个样子”，他认为每章包含的内容太多，次一级的标题太少，不能让人明确地看出内容的转折。尽管如此，恩格斯对内部结构即理论内容的联系和写作方法却大加赞扬，他在信中写道：“我向你表示祝贺，你采取了完满的处理方式，你只是把错综复杂的经济学问题放在恰当的位置和正确的联系之中，就完满地使这些问题变得简单明了，几乎一眼就能看清楚；同时我还要向你表示祝贺，你实际上非常出色地叙述了劳动和资本的关系，这种关系在这里第一次得到完满而又相互联系的叙述。”①

恩格斯虽然对外部结构（篇章结构）有意见，但对内部结构（理论结构）却大加赞赏，为什么呢？在资本主义生产发达的社会，各方面的关系纷繁复杂，要把它的生产运行和各种关系反映在理论体系中，使各种经济学范畴都能安置在恰当的位置和正确的联系中，靠的就是要有一种正确的方法。马克思的《资本论》所使用的就是一种崭新的唯物辩证法，按照这种方法建立起来的是一种崭新的从抽象上升到具体的理论结构。马克思在 1866 年 6 月 20 日致恩格斯的信中说：“我亲爱的朋友，你明白，在像我这样的著作中细节上的缺点是难免的。但是结构，即整个的内部联系是德国科学的辉煌成就，这是单个的德国人完全可以承认的，因为这决不是他的功绩，而是全民族的功绩。”② 马克思这里说的是，他的方法是批判地继承了德国古典哲学的优秀成果而来的。马克思抛弃了黑格尔“绝对精神的外化”这种唯心主义的外观，吸收了黑格尔的辩证法的合理内核，用于构建自己的经济学著作。

① 《马克思恩格斯文集》第 10 卷，北京：人民出版社 2009 年版，第 267 页。

② 《马克思恩格斯文集》第 10 卷，北京：人民出版社 2009 年版，第 236 页。

在前面我们谈到《资本论》的几大手稿时，讲了马克思分别制定各个经济学范畴的经过。现在，在建立《资本论》理论体系时，马克思就要把这些范畴按照科学方法建立起一个体系。打个比方，马克思在手稿中制定的各个经济学范畴，好比是一些砖瓦，或者说是建筑砌块。而在撰写《资本论》时，就要建成一座大厦，大厦是否宏伟壮观，就要看马克思怎样筑构这些砖瓦，而筑构好理论大厦，就要靠一个好的方法，它就好比是建筑图，或者好比建筑脚手架。《资本论》就是按照马克思创造的唯物辩证法构建起来的理论大厦。《资本论》的理论体系受到后世人们的崇拜和赞颂，它的战无不胜的征服人心的力量，和它的科学的内部结构分不开。《资本论》第一卷是一个从抽象上升到具体的科学理论的结构体系，通过大大小小的三个层次的结构螺旋式上升。这虽然就是逻辑的体系，但因为它是在唯物主义基础上制定的，所以它是客观历史的反映，逻辑的发展其实是历史的反映，但比真实历史更集中更有说服力。

马克思在1871—1872年修订出版了《资本论》第一卷德文第二版。当时，随着巴黎公社革命的爆发，国际和德国的工人运动活跃起来，迫切需要革命理论的武装。马克思在修订时，力求把理论修改得更严密更精确，同时力求使工人阶级容易理解。第二版的修改包括两个方面。一方面是篇章结构方面。马克思把全书划分为7篇25章，层级划分更细更明确，并消除了第一版对价值形式的双重叙述。

另一方面许多论述修改得更科学更通俗化了。第二版和后来恩格斯编定的通行本德文第四版已经非常接近了。编译局于近期出版了《马克思恩格斯全集》中文第二版第42卷，收入《资本论》德文第一版。在校订该卷的过程中，我们把该版同德文第二版、第三版和第四版作了仔细核对，凡发现后来的版本中意思明显不同、表述差异较大或名词术语做了修改的地方，都尽可能加了编者脚注，以提示读者注意。这样的脚注共有500多处。这样，读者通过《全集》中文第二版第42卷，就大致可以了解到德文第二、三、四版的概貌了。

出版《资本论》法译本，也是出于革命考虑。马克思在总结巴黎公社经验时，高度评价巴黎无产阶级的革命首创精神，但也深感法国缺乏“理论基础和实际的健全思想”。[①]《资本论》第一卷法文版是马克思1872—1875年在《资本论》第一卷德文第二版的基础上修订鲁瓦的译文出版的。鲁瓦的翻译严肃认真，但译文比较拘谨、呆板。马克思怕读者不易读懂，影响对他的经济学理论的把握，所以不得不亲自修改译文。不仅个别的句子，而且整页整页的译文都得重新改写。他尽量把法国读者不熟悉的德国古典哲学中的一些术语改成法国读者易于理解的说法。与此同时，马克思还加进了德文第二版中没有的新内容。德文第二版到了资本积累部分以后，就没有大改了，而法文版

① 《马克思恩格斯全集》第33卷，北京：人民出版社1973年版，第631页。

到资本积累这部分以后则修改较多，而且理论上有很多发展。最明显的是结构上的变化。马克思把德文第二版的7篇25章进一步划小，改成8篇33章。这样一来，像马克思自己所说的，这个法文版在原本之外就有了“独立的科学价值”①。

我个人认为，法文版的结构比现在的通行版好，叙述又更为简明，因此，某种程度上可以说法文版最适合外国人读。《资本论》第一卷不好理解的地方，把法文版拿来对照一下，不失为一种简便的方法。举两个例子。

“资本主义生产方式”在《资本论》中有广义和狭义之分。广义的、笼统的“资本主义生产方式”指的是资本主义制度、整个经济社会形态。狭义的“生产方式”指的是劳动者和技术结合的方式，也就是人跟生产工具结合的方式。中国人在理解生产方式的时候，往往弄不清楚，哪个地方是指广义的，哪个地方是指狭义的。关于资本主义生产方式，法文版里面改成了多种说法，有时被说成生产，有时被说成资产阶级社会；大工业生产方式改成大工业，农业生产方式变成农业；还有的地方改成资本主义制度；还有一种，是改为生产的社会条件和技术工艺。这些地方可以帮助我们理解生产方式指什么。

另一个例子是《资本论》中的名句“资本主义私有制的丧钟（Stunde）就要响了（Schlägt）”。关于这个句子有

① 《马克思恩格斯文集》第5卷，北京：人民出版社2009年版，第27页。

两个事情可以讲一下。首先，对于资本主义的丧钟究竟是已经在响还是就要响，学界有不同意见。现在的“就要响了”是德文 Schlägt 的译法，是一般现在时，可以表示现在，也可以表示不久的将来。而这一句话在法文本中作完成时，就译成“资本主义所有制的丧钟敲响了”。这两个地方可以互相参照。另外，《资本论》第一卷有一处谈到庸俗经济学，在《马克思恩格斯全集》中文第一版第 23 卷里译成“庸俗经济学的丧钟已经响了”。[①] 这里的“丧钟”，同上述资本主义私有制的丧钟一样，原词都是 Stunde，基本意思是时刻、时间；不过“响”用的是过去完成时“hatte geschlagen”。“已经响了”是不错的，但是响的是否是“丧钟”，大家却争论不休。实际情况是，当时庸俗经济学是活跃起来了，应当说它的时辰到了才对。法文版在这里的表述是：“庸俗经济学抓住这个时机，提出了拯救社会的学说。”就是说在这个时候，阶级斗争尖锐化了，工人阶级登上历史舞台，于是庸俗经济学时兴起来了。我们后来出版《马克思恩格斯全集》中文第二版第 44 卷，根据法文版的意思相应地改为“庸俗经济学的时钟已经响了”[②]。

马克思每当再出版《资本论》其他版本时，总是要求人们认真参考法文版中的修改，甚至亲自写出按照法文版修

---

① 《马克思恩格斯全集》第 23 卷，北京：人民出版社 1972 年版，第 654 页。

② 《马克思恩格斯全集》第 44 卷，北京：人民出版社 2001 年版，第 688 页。

改的具体意见。马克思、恩格斯在世时，出版的《资本论》第一卷的几个重要版本都吸收了法文版的成果。

徐洋：您之前谈到，马克思在 1867 年出版了《资本论》第一卷之后，除了出版德文第二版和法文版，还开创了一个新的创作时期，写下了 1867—1882 年经济学手稿。这到底是怎样的一部手稿，为什么说它是一个新的时期？

张钟朴：1867 年《资本论》第一卷写完以后，马克思没有停歇，看来是希望在较短时期内也能把《资本论》第二册和第三册出版了，因而他抓紧时间继续紧张写作。从这里开始直到 1882 年马克思去世前一年，马克思又为第二册和第三册留下了众多手稿。学术界一般称之为 1867—1882 年手稿，也就是马克思的第四部手稿。

《资本论》第三部手稿即 1863—1865 年手稿最后写完的是第三卷的第 I 稿即主要手稿，其中第一篇第一章《剩余价值转化为利润》没有写完全，内容主要是数学公式，马克思试图用公式来论述自己的学说，后来恩格斯在编第三卷的时候没有采用；第四章《资本周转和利润率的关系》也没有写。所以，这时候马克思首先考虑补写这些内容。马克思 1867—1882 年手稿的写作大致可以以巴黎公社为界分为两个时期。1867—1870 年为第一个时期，这时马克思开始将主要精力用于补写、改写第三卷开篇的内容，后来逐步转入了第二卷内容的制定。这一阶段的最大成果是《资本论》第二卷第 II 稿。1870 年以后，由于马克思的身体健康状况，再加上巴黎公社和国际工人运动等，以及马克思忙于修订《资本论》第一卷第二版和法文版的工作，使手稿的写作中断了几年。1870 年以后—1882 年为手稿写作的第二个时期，这时马克思把主要精力用在了制定第二卷的理论上，第三卷的手稿写得比较少，其中最重要的是 1875 年写的《用数学方法说明剩余价值率和利润率》。从 1876 年开始，马克思重拾中断了 6 年之久的第二卷，直到 1882 年，其中最为重要的是 1877—1881 年写的第二卷第Ⅷ稿。

说 1867—1882 年手稿是一个新的创作阶段，这是 MEGA 编者最近一些年的新认识。他们认为马克思 1867 年以后撰写的《资本论》第二卷和第三卷手稿，并不是对此前手稿即 1863—1865 年《资本论》三卷第 I 稿的补充，而是在新的时期，用新的眼光，以新的研究为基础，按照新的思路对《资本论》创作的新的手稿。就第二卷来说，这个创作阶段产生了第一个真正意义上的全稿即第 II 稿，第一次写出了论述扩大再生产的社会资本再生产理论的第Ⅷ稿。就第三卷来说，马克思不仅要补上很多缺漏，更重要的是马克思打算撰写一份以新的、更丰富的经验材料为基础、篇章结构也可能作重新划分的全稿。此外，由于第一卷被从“艺术的整体”中抽出来单独出版，必然在结构安排、材料取舍、行文方式方面对第二卷和第三卷的原有写作思路提出修改要求。①

① 参见 MEGAII/4.3.S.P435−439

我认为，说这是新的创作阶段，这个说法是值得重视的，尽管有多新还可以商量。在马克思晚年，资本主义经济和社会进入了一个新的发展时期。马克思以敏锐的目光注意到了这些新现象，并且力求把它们加以概括，升华为理论，吸收到他的《资本论》中去。马克思虽然没有来得及写成手稿，但是从马克思留下来的大量摘录笔记和他收集的各种资料，以及他阅读和研究这些资料时做的标记和他同朋友之间的通信等，仍可以看出马克思研究的实际情况。这些研究虽然也涉及第二卷，但主要是涉及第三卷的内容。马克思研究的问题有：关于资本周转和交通运输工具的发展；关于货币、信用、虚拟资本和股份资本的新形态；关于地租和土地所有权问题；关于美国经济的发展和经济危机的问题，等等。

马克思在1879年说："在英国目前的工业危机还没有达到顶峰之前，我决不出版第二卷。……必须注意目前事件的进展，直到它们完全成熟，然后才能把它们'消费到生产上'，我的意思是'理论上'。"①1880年他又说："在目前条件下，《资本论》的第二卷在德国不可能出版，这一点我很高兴，因为恰恰是在目前某些经济现象进入了新的发展阶段，因而需要重新加以研究。"② 马克思的这些话不是拖延

① 《马克思恩格斯文集》第10卷，北京：人民出版社2009年版，第431页。

② 《马克思恩格斯文集》第10卷，北京：人民出版社2009年版，第449页。

出版《资本论》第二卷（当时包括第二册和第三册，即后来的第二卷和第三卷）的借口，而是真实的写照。马克思晚年越是研究现实，就越觉得他的第二卷（第二、三册）还没有完成，因而就越是勤奋地进行研究。这反映了他的科学和革命精神。

徐洋：今年正值《资本论》第一卷问世150周年。150年后，有人觉得《资本论》过时了，常常发出《资本论》还有没有用的疑问。您怎么看待这个问题？

张钟朴：《资本论》是马克思批判地继承了人类优秀的思想文化遗产，包括德国古典哲学、英法两国的古典经济学和空想社会主义，而实现的一个伟大革命。马克思在《资本论》中实现了空前未有的理论创新。如果让我总结一下，那就是：他用崭新的唯物辩证法建立起了崭新的《资本论》的理论体系，对资本主义本身产生、发展和必然灭亡的客观规律，作出了崭新的分析，形成了崭新的理论，最后，对资本主义生产方式的历史命运，无产阶级的历史使命，作出了崭新的革命的结论。马克思的两大科学发现，即唯物史观和剩余价值理论，都与《资本论》有关。《资本论》中处处体现了历史唯物主义，而剩余价值理论就是在《资本论》中创造出来的。所以，1867年《资本论》第一卷的出版，是人类思想史上划时代的伟大事件。

《资本论》是否过时，我想这并不是一个新鲜的问题，也许早在马克思、恩格斯在世时就出现了。然而这个问题

100 多年来反复被人提起，这本身就说明《资本论》具有深刻的现实性。对于一个已经作古的人，人们是不会谈论他的生死问题的。《资本论》研究的对象是资本，是资本主义。到今天为止，还没有哪部著作对资本和资本主义作过如此全面、系统、深刻的分析。资本一天纠缠人类，《资本论》就会一天纠缠资本。

至于《资本论》的现实意义，我想可以从这几个方面来理解。《资本论》体现和证明的世界观和方法论，即唯物史观和唯物辩证法，是我们认识世界和改造世界的最基本原则，这个科学原理永远不会过时；《资本论》全面深刻揭示了资本主义社会的规律、矛盾以及必然灭亡的趋势，这对于我们认清当代资本主义的本质和危害至关重要；《资本论》阐发了社会生产和再生产的一般规律，特别是揭示了商品经济和市场经济的一般规律，这对于我们建设社会主义市场经济同样具有重大意义；《资本论》这部著作本身的逻辑结构、叙述方法，对于我们构建中国特色社会主义政治经济学具有重大参考价值。

我认为，出现对《资本论》现实意义误解的一个重要原因，是对《资本论》所持有的一种片面、教条的认识，即把《资本论》等同于马克思经济理论体系的全部内容，误认为马克思主义政治经济学只考察抽象的理论，不研究实际的问题；只致力于资本主义的灭亡，不涉及社会主义的建设。然而，我们通过学习《资本论》创作史得知，马克思在 19 世纪 50 年代末，曾计划把自己考察资本主义经济制度的研究成果，以《政治经济学批判》这一总标题，分成六册书来写作和出版。这六册书就是：第一册《资本》(其本身又分为《资本一般》《竞争》《信用》《股份资本》)；第二册《土地所有制》；第三册《雇佣劳动》；第四册《国家》；第五册《对外贸易》；第六册《世界市场》。马克思后来完成的伟大著作《资本论》，就是在写作《资本》的《资本一般》篇的基础上逐步演变形成的。《资本论》的内容相当于《资本》册的“资本一般”篇的内容，并在分析资本一般性质的限度内，论述到了《资本》册后三篇和《土地所有制》册以及《雇佣劳动》册的某些内容。《资本论》并没有取代“六册计划”，也没有证据表明马克思放弃了“六册计划”。“六册计划”体现了马克思的经济学理论的庞大而完整的结构体系，所依据的是唯物史观和辩证法，它的体系安排遵循着从抽象上升到具体，逻辑的进程和现实历史的进程相一致的方法论原则。

如果按照六册计划的体系对马克思的相关论述进行辑录和研究，就会发现，马克思的理论体系和相关具体论点对于我们推进社会主义市场经济建设、构建中国特色社会主义政治经济学体系具有重要指导意义和重大参考价值。我国现在处于并将长期处于社会主义初级阶段，这个阶段大体上相当于马克思、恩格斯所说的向社会主义的过渡时期，由于生产力发展水平的限制，必然存在市场经济。不能把马克思主义政治经济学和对象等同于《资本论》的对象，以为马克思主义政治经济学只抽象地研究生产关系和经济规律，而不研究社会经济总体这个生动的有机体的现实运动，以致使政治经济学的内容过窄。事实证明，马克思的完整的经济理论体系对我国的现实具有重大指导作用。[①]

① 参见汤在新:《〈资本论〉续篇探索——关于马克思计划写的六册经济学著作》，北京：中国金融出版社 1995 年版。

后　记

本书是我的回忆录的一些片断。我在1953年从北京外国语学院毕业，恰逢中央编译局建局。从那时起，我在编译局一直和大家一道从事马克思主义经典著作的翻译工作，直到2018年3月，编译局与中央党史研究室、中央文献研究室合并成中央党史和文献研究院为止。60多年来，我一直不同程度地参加《马克思恩格斯全集》中文版各卷，包括《资本论》和马克思经济学手稿各卷的译校和研究工作。我生于1930年，来局时23岁，在1993年1月年满62岁时正式办理了退休手续。但是退而不休。考虑到工作的需要和我的身体状况，局里继续“返聘”我，又继续和几位老同志及年轻的同志们一道工作了十几年，参加《马克思恩格斯全集》中文第二版的编译和“马克思主义理论研究和建设工程”有关项目。今年我90岁了，偶尔也应邀参加青年人的译稿审校和理论研讨活动。这是我很高兴的事。

今天，我们翻译和研究马克思主义经典著作的主客观条件，和我们老一辈所面临的条件，已经发生了翻天覆地的变化。今天不但马克思《资本论》的各种权威版本已经相当齐全，而且马克思一生写作《资本论》的四部手稿也都已公开出版，供人们自由研读。这四部手稿就是《1857—1858年经济学手稿》《1861—1863年经济学手稿》《1863—1865年经济学手稿》《1867—1882年经济学手稿》。最后这部手稿是马克思晚年研究《资本论》第二、三卷的理论时留下的众多手稿，人们一般还不太熟悉。另外还有恩格斯晚年为编定《资本论》第二、三卷所留下的一卷“编辑稿”。我们在翻译《马恩全集》中文第一版的时候，前三部手稿基本上已经翻译出来。现在，在编译《马恩全集》中文第二版的时候，我们作出了规划，要把四部手稿全都翻译出来，贡献给我国的理论界。前三部手稿不但要重新校订，再加入到中文第二版，第四部手稿也要完整的翻译出来。现在我们的年轻一代正在完成这一工作。在中文第二版中，《资本论》及其手稿这一部分将是一个完整的体系，共计17卷书、19册（其中第四十卷由上中下三册组成），另外再加上我们前几年编译的《马克思恩格斯〈资本论〉书信集》一册，总共就是20册。当这些都完全出齐了的时候，马克思和恩格斯一生花费在《资本论》上的心血，就将完整地呈现在世人面前，那无疑将是马克思主义传播史上的一大盛事。

下面我再这把这本口述史的成书过程简单介绍一下。2013年中央编译局成立60周年的时候，局里成立了一个局史工作小组，编写《中央编译局简史》。为了发掘有价值的史料，局里号召老同志多写一些回忆文章。从那时起，我和许多老同志一样，开始写我在编译局生活和工作的回忆片断，以留作纪念。我最初写的回忆文字大概有6万字左右，交到局办公室后，离退办的负责人张文成同志非常热情地希望把我的回忆录整理出版，并指定刘中文同志帮我整理。

2014 年起，局里成立了口述史工作小组，动员有余力的老同志讲述我局生活中值得纪念的人和事。2015 年 11 月至 2016 年 5 月，经张文成同志协调，局口述史小组的成员张远航同志和寿自强同志，先后为我安排了四次专访，作了摄像和录音，刘中文同志随后将这些录音整理出来，补充到原稿当中，最后形成了大约 10 余万字的文稿，这就是这本口述史的雏形。在此基础上，我又对原稿进行了细致加工和补充，并和刘中文、寿自强同志一道，增加了一些插图。在此过程中，得到了局办公室、马列部、图书馆等部门的同志们的大力支持。我写这部初稿时，临时想了一个书名：《捡拾往昔的时光碎片——中央编译局 65 年工作和生活的一些回忆》。对这个标题，我自己也不太满意，因为它太普通，不容易引起读者的兴趣。考虑到它有可能在 2018 年我局成立 65 周年的时候出版，所以副标题为“中央编译局 65 年工作和生活的一些回忆”。2018 年 3 月，我局与中央党史研究室、中央文献研究室合并，这本口述史的出版又一次推迟。今年，终于等到了这本书的出版。经魏海生同志花费心血，把这本书收入了“马克思主义经典文献编译口述史丛书”中，并把书名改为现在的名称，这就突出了重点，提高了人们阅读的兴趣。另外，中央编译出版社的张远航同志和编辑李媛媛同志为本书的出版付出了大量劳动。在此，我对以上所有为本书的出版提供支持和帮助的同志们，表示衷心的感谢。

最后，由于本人水平所限，书中缺点和错误在所难免，衷心欢迎读者批评和指正。

张钟朴

2021年5月

图书在版编目（CIP）数据

我与《资本论》翻译 / 张钟朴口述. -- 北京 : 中央编译出版社, 2025. 4. --（马克思主义经典文献编译口述史 / 魏海生总主编）. -- ISBN 978-7-5117-4878-2

Ⅰ. A811.23

中国国家版本馆 CIP 数据核字第 20255GB532 号

我与《资本论》翻译

选题策划 张远航
责任编辑 高冀蒙 李媛媛
责任印制 李 颖
出版发行 中央编译出版社
网　　址 www.cctpcm.com
地　　址 北京市海淀区北四环西路 69 号（100080）
电　　话 （010）55627391（总编室） （010）55627313（编辑室）
（010）55627320（发行部） （010）55627377（新技术部）
经　　销 全国新华书店
印　　刷 北京盛通印刷股份有限公司
开　　本 710 毫米 ×1000 毫米 1/16
字　　数 182 千字
印　　张 19
版　　次 2025 年 4 月第 1 版
印　　次 2025 年 4 月第 1 次印刷
定　　价 80.00 元

新浪微博：@ 中央编译出版社 **微　　信**：中央编译出版社（ID：cctphome）
淘宝店铺：中央编译出版社直销店（http://shop108367160.taobao.com）（010）55627331

本社常年法律顾问：北京市吴栾赵阎律师事务所律师 闫军 梁勤
凡有印装质量问题，本社负责调换，电话：（010）55627320